THE ART OF WAR FOR SMALL BUSINESS

斗巨头

以弱胜强的商战奇计

[美] 贝基·希茨-朗克尔◎著
张晓诚◎译

中国财政经济出版社

图书在版编目（CIP）数据

斗巨头：以弱胜强的商战奇计／（美）朗克尔著；张晓诚译．— 北京：中国财政经济出版社，2015.8
ISBN 978 - 7 - 5095 - 5822 - 5

Ⅰ．①斗… Ⅱ．①朗…②张… Ⅲ．①中小企业－企业管理 Ⅳ．①F276.3

中国版本图书馆 CIP 数据核字（2014）第 269486 号

The Art of War for Small Business: Defeat the Competition and Dominate the Market with the Masterful Strategies of Sun Tzu.
By Becky Sheetz - Runkle

This simplified Chinese edition published 2015
by China Financial & Economic Publishing House, Beijing
著作权合同登记号：01 - 2014 - 5516

责任编辑：杨　云　　责任印制：刘春年
责任校对：甄　飞　　版式设计：丁丁图文

中国财政经济出版社出版
URL: http://www.cfeph.cn
E - mail: cfeph@cfeph.cn

社址：北京市海淀区阜成路甲 28 号　邮政编码：100142
营销中心电话：010 - 88190406　北京财经书店电话：010 - 64033436
北京时捷印刷有限公司印刷　各地新华书店经销
787 × 1092 毫米　16 开　14 印张　160 000 字
2015 年 8 月第 1 版　2015 年 8 月北京第 1 次印刷
定价：40.00 元
ISBN 978 - 7 - 5095 - 5822 - 5 / F · 4708
（图书出现印装问题，本社负责调换）
本社质量投诉电话：010 - 88190744
反盗版举报热线：88190492　88190446

献给我的丈夫大卫·朗克尔（David Runkle）。
他应该得到一枚勋章。

To my husband，David Runkle.
He deserves a medal.

致　谢

《斗巨头：以弱胜强的商战奇计》以莱昂内尔·吉尔斯（Lionel Giles）的《孙子兵法》译本作为主要参考。我还要深深地感谢托马斯·黄（Thomas Huynh），他译注出版了《孙子兵法：冲突的精神》（*The Art of War*：*Spirituality for Conflict*，由 SkyLight Paths Publishing 出版），并慷慨地允许我使用其作品中的很多段落。托马斯的这部著作一直是我研究孙子的重要参考书，他的观点使我能够细致入微地理解这位哲学家将军的思想。我还参考了牛津大学的萨缪尔·B. 格里菲斯（Samuel B. Griffith）深受欢迎的翻译以及史蒂文·迈克尔森（Steven Michaelson）在中国孙子兵法研究会的一次研讨会上提交的翻译版本。我还使用了由黄博士（J. H. Huang）翻译注释、Harper Paperbacks 出版的《孙子兵法新译》（*Sun - Tzu*：*Art of War—The New Translation*）中的某些翻译以及一些难以找到的历史背景资料。

我非常感谢各位作者对《孙子兵法》文献做出的贡献以及他们为《斗巨头：以弱胜强的商战奇计》的写作提供的指导。

目 录
CONTENTS

导　言

想象一下，伟大的战略天才孙子生活在今天。再想象一下，与很多职业军人一样，退伍后，孙子作为一名 CEO 进入一家企业，或者加入一家小企业的管理团队。他会如何运用《孙子兵法》中的原则，领导他的小企业展开征战，并将它打造成一个企业帝国？

这正是《斗巨头：以弱胜强的商战奇计》要讲述的核心问题。

孙子在其经典著作《孙子兵法》中提出的军事原则是永恒的。采用这些原则的公司和高管们对它们进行了改造，并把它们带入了日常的经营管理活动中。优秀的战略家常常受到孙子的启发，但他们往往不承认其战略来自于这位 2500 多年前的哲人的思想。如果他们研究过孙子兵法，并且更有意识地运用其中的原则，那么他们的效率会提高多少？你的效率又会提高多少？

与规模更大、根基更牢固的对手相比，小企业领导者必须更聪明、更隐蔽。如果他们与强大的对手展开针锋相对的竞争，那么他们肯定会失败。而如果他们的目标只是试图渡过重重难关，那么他们多半会半途而废。在利润很低且仍然在不断降低的竞争性行业中，这一点尤其正确。小企业必须利用很少的预算和相对较少的资源赢得竞争并取得成功。好消息是：如果能够领悟《孙子兵法》的精髓，那么它就可以为小企业领导者提供深刻的见解，指导并激励他们采取行动，打败竞争对手，主宰市场。

为了使孙子的思想尽可能地贴近实践，在《斗巨头：以弱胜强的商战奇计》中，我们收集了大量小企业应用《孙子兵法》的实例。在大多数（尽管不是全部）例子中，小企业领导者很有可能是在不知不觉中应用了《孙子兵法》的原则，但他们仍然因为他们的行动而得到了回报。在这些企业中，有一些在后来的发展中没有实现自己的目标，还有一些可能会暂时地或永久性地误入歧途。但是，“误不在书而在用”，不要因为未来可能出现失误就认为《孙子兵法》不值得学习或者借鉴。

《斗巨头：以弱胜强的商战奇计》是为那些拥有远大抱负的创业者和小企业经营者而写的，这些经营者正在与“巨人”作战，并希望有朝一日成为各自行业中的执牛耳者。同时，这本书也是为那些正在研究孙子的人而写的，他们努力对其原则进行新的诠释，以使它们适合小企业应用。本书对《孙子兵法》在小企业中的应用进行了全面阐释，并利用一些成功的故事说明了其中的原则。《孙子兵法》很适合作为小企业努力争雄的剧本。而这本书就是你应用《孙子兵法》的指南。

柔道中的孙子兵法

1990 年，我参加了有生以来的第一个武术班。当时我 15 岁，而这是一个决定性的时刻。大多数人都会学习空手道、跆拳道、柔道或他们喜欢的其他武术课程，并声称想要成为黑带高手。但我不是这样。当我刚开始在日出空手道俱乐部（Rising Sun Karate Club，现已停业）学习唐手道（Tang Soo Do）时，我就知道我想练武术。我希望学会它，并开馆授课。在学习武术的第一天晚上，我就知道有朝一日我会拥有自己的学校。经过了20多年的训练并赢得了几条黑带后，我可以很自豪地说我的梦想实现了，而这种激情会继续燃烧。我在自家的小道场中教授一群学生。但事情并没有按计划发展。

开始的时候，我很幸运地找到了一家出色的空手道学校，这所学校由两位优秀的教练——约翰·韦弗（John Weaver）和杰克·林奇（Jack Lynch）——开设，现在他们早已退休。他们把我引上了习武之路。我非常喜欢空手道，训练时极其认真。当时我很年轻，身手敏捷，精通腿法和拳法。我还很擅长武术套路，也就是一连串规定好的动作。但是，我的不足之处是对练。我不怕格斗，也不怕被打得晕头转向，主要是因为在与块头更大、更强壮的对手站在一起时，他们总是会打败我。他们的拳脚更有力，让我无法克敌。我精湛的拳术敌不过他们更大的力量和块头。不管训练时多么努力，我都无法实现以防守为主的目标。在日出空手道俱乐部关门后，我先后在宾夕法尼亚州兰开斯特郡离家不远的几家空手道学校进行过训练。

在我离开家到费城上大学时，我遇到了兰迪·哈钦斯老师（Sensei Randy Hutchins）。他教授的是一种强调诸如令对手失去平衡、借力打力等概念的合气道，类似于柔道。如果说我学过的空手道是直线的话，那么柔道就是一个圆。空手道是发起一系列攻击，而柔道是流动的，有开始，有结束，但技法间没有特定的步骤。每个招式实则是一串连贯性的动作。

我学过的空手道是基于力量的对抗。攻击者打来刚猛的一拳，你挡住他的拳头，然后还击一拳。对于我来说，当对手更强壮时，我基本上都会成为他的手下败将。我努力了好几年，试图在这种硬碰硬的对抗中取胜，但始终无法成功。你倾注了自己所有的努力去做一件事，结果却与你付出的艰苦努力不相匹配，这会让你十分沮丧。但我的柔道经历完全不同，它不是基于力量的对抗，而是与攻击者纠缠在一起，让他失去平衡，不知所措，并迫使他认输。如果你擅长这种技巧，那么对抗看起来似乎毫不费力。我发现，在需要进行防御和面对更强壮、块头更大的对手时，这类武术更适合我。但是，掌握它很困难。我总是会不自觉地使用我所擅长的空手道技术。放弃一些原则以接受完全相反的新原则令人望而却步，并且感到难以适应。但它让一切都发生了彻底的改变。

我的习武之旅需要做出某些重大的、意料之外的改变，这让我对自己所知道的、所理解的原则产生了怀疑。我的经历与你的小企业有什么关系呢？你可能也同样需要做出某些痛苦的改变，并且抛弃一些你已经十分依赖的做法。这些做法可能被你看作是理所当然的。但是，有时候你必须做出改变，在某些情况下需要发生根本性的改变，你必须具有灵活性和适应性，并能够跳出一些条条框框，才能使创新取得成功。你需要有一个明确的战略目标，对你的组织和竞争对手有深刻的认识，这要求你对你的战场进行一次真实的评估。让孙子为你指明道路吧。

第一部分

利用《孙子兵法》掌控优势

在本书的前两章中，我将对孙子和《孙子兵法》进行简要介绍，同时也将分析小企业重大的和常见的优势与劣势。在本书中，我会反复讨论这些因素，它们是更加复杂的概念的基础。你会理解《孙子兵法》对各代人的影响，并学会如何应用商战奇计。

第 1 章

孙子和《孙子兵法》

本章介绍孙子和《孙子兵法》的主要背景，使你能够理解当时的历史环境，为将《孙子兵法》应用到你的小企业中做好准备。

关于孙子

孙子与孔子是同时代的人，他生于公元前544年，卒于公元前496年，这段时间接近战争频仍的中国春秋时代末期。当时的周朝已经没落，中国有100多个诸侯国为获得强权而不断地角逐。这些诸侯国相互吞并，直到只剩下十几个大型诸侯国，其中有7个诸侯国的军队和资源远胜于其他诸侯国。这一时代为随后的战国时代奠定了基础。

孙子是《孙子兵法》的作者。他的名字叫孙武，出身于贵族家庭，祖上姓陈。作为一名军事理论家，他来到了吴国，因为当时吴国的军事力量正在不断壮大。吴王被孙子的理论打动，于是命令孙子负责军队的训练，并协助伍子胥将军制订国家的扩张战略。

吴国最主要的敌人是楚国。由于楚国是一个超级大国，吴王、伍子胥和孙子知道，他们需要谨慎地制订并执行其扩张战略，才能打败这个强大的敌人。于是，他们将其部队分为三部分，并采取“打了就跑”（hit-and-run）的战术来对付强大的楚国。在五年的时间里，吴国采取了这种策略。这种策略是这样实施的：吴军一部分接近楚国，楚国的军队就会前来应战，而吴军则撤退。然后，当楚国军队撤退后，吴国的军队再次出现。在五年的时间里，吴国一直实施这种策略，令楚军疲于奔命，并千方百计地引诱楚军犯错误。这种策略取得了成功。楚国遭受了重大损失。随后，在公元前506年，吴国发动了一次决定性的攻击，在所有五次战斗中都获得了胜利，并占领了楚国的首都郢。

关于《孙子兵法》

毋庸置疑，《孙子兵法》是最早的、历史最悠久的论述战略的书籍之一，也是关于战争的最重要的著作之一。《孙子兵法》是远东地区军事行动与政治活动的权威指南，而且已经成为全世界军事、政治和商业领域中最杰出的、得到研究最多的著作。尽管《孙子兵法》篇幅不大，还不到7000字，但其内容博大精深，而且应用范围十分广泛。

在很多商学院和军事机构中，《孙子兵法》都是必读书，而且也是企业领导者的必读书。我们无法知道，多个世纪以来，有多少支部队曾经应用过《孙子兵法》。这部著作最早于1772年被翻译成法文，而第一个完整的英语带注释的版本是由莱昂内尔·吉尔斯（Lionel Giles）于1910年出版的。在越南战争中，当时的越南民主共和国相当成功地运用了《孙子兵法》。据说正是这场战争才使得美国军方开始关注孙子。在奠边府（Dien Bien Phu）战役中，武元甲（Vo Nguyen Giap）将军成功地实施了《孙子兵法》中描述的战术，使这场战役成了一个转折点，迫使法国军队彻底退出了战场。武元甲将军是孙子思想狂热的学生和实践者，在后来战胜美国军队的战役中，他都是军事策划者。《孙子兵法》也对毛泽东的军事战略产生了很大的影响。两位美国的将军——诺曼·施瓦茨科普夫（Norman Schwarzkopf）和科林·鲍威尔（Colin Powell）——在第一次海湾战争中也应用了《孙子兵法》。

但是，我们最关心的是《孙子兵法》在商业环境中的持久应用。

在美国各个学校的MBA课程中以及在跨国公司中，都会开设《孙子兵法》的课程。小企业特别适合使用这本书来理解“商场即战场”。今天，各种规模的公司都将其增长建立在诸如生态环境的发展、战略联盟与网络、透明的用户社区以及开放的创新等原则的基础上。最初，这些概念似乎与军事战略背道而驰。孙子的思想难道不是更适合于从前的独裁式领导方式吗？这种假设说明我们对这位哲人的理解还非常有限。可以肯定的是，对于当今小企业赖以成功的合作、开放和动态的模式来说，这种经营企业的方式是行不通的。

小企业的《孙子兵法》：战略与机遇

将《孙子兵法》引入商业或其他领域的图书很多。我对《孙子兵法》的初次改编体现在《女性孙子兵法》（*Sun Tzu for Women：The Art of War for Winning in Business*）一书中。这些书籍的作者都是投机分子吗？也许是。但我只能代表我自己说话。实际上可以说《女性孙子兵法》是“天上掉下来的馅饼”。我并没有想写这样一本书，但机会出现后，经过仔细分析，我发现这个机会很诱人。在研究《孙子兵法》的过程中（重点是女性如何将《孙子兵法》的原则应用于职场中），我认识到了这种实用性。但是，这并非我看到的一切。

在创作《女性孙子兵法》一书的过程中，我不止一次意识到《孙子兵法》在将弱小的企业打造成强大企业中所能发挥的作用。我想到了多年来与我合作过的所有创业者和小企业 CEO 及领导者。在创作那本书之前，我重新阅读了《孙子兵法》，而当时我刚刚与其他人合作成立了一家小型代理公司——Q2 营销公司（Q2 Marketing，这家公司已于 2011 年卖出）。当时，我认为我们是作为一家新的创业公司进入了一个空间广阔但又十分拥挤的领域。我是在竞争的背景下重读《孙子兵法》的。但是，今天我以一种不同的视角，即透过营销和战略顾问以及客户的视角来阅读它。我想，你也会发现《孙子兵法》非常适合于你的企业。

《孙子兵法》帮助我找出并把握住了机会，指导我如何成功创造条件。它同样可以帮助你充分利用每一次机会。正如你将要看到的，利用比较弱小的力量战胜强大的对手正是《孙子兵法》的核心和永恒不变的主题。

第 2 章

小企业应用《孙子兵法》的威力

我们走到哪里，就会把我们的观点带到哪里。我们所说的和所做的一切都是我们亲身经历的。如果你想将《孙子兵法》作为一本关于赢得胜利并保持和平的书来阅读，没问题。你还可以把它当成是一本关于进攻的书。我是一名终生的武术家、小企业经营者和营销实践者以及历史爱好者。我尊重“正义的战争”（Just Wars）以及为正义而战的士兵，而且与孙子一样，我认为在迫不得已的情况下，战争就会成为主要的手段。通过在国际背景下深入研究各国的政策，我发现战争和它的威慑作用从古至今始终存在。弱者会被强者征服。所有人都处于竞争状态。

在很多方面，商业与战争十分相似。竞争的规则是由行业中实力强大的企业制定的，而小企业在这些规则下进行竞争注定会失败，或者至少会损失惨重。但是，如果你认真地学习并正确应用《孙子兵法》，那么它就可以成为那些雄心勃勃的、具有创新性的、精明的小企业取得成功的指南。

由于孙子十分清楚如何协助弱者制订战略战胜规模更大、资金更雄厚、更强大的对手，因此他的忠告特别适合那些正在与实力强大的对手展开竞争的小企业领导者。对于那些在由其他中小企业组成的竞争性市场中努力争夺主导地位的小企业来说，这些忠告也是适用的。《孙子兵法：冲突的精神》一书的作者和 Sonshi 网（专注于《孙子兵法》的研究与应用，网址为 www. sonshi. com——译者注）的创始人托马斯·黄在创作其著作时，知道其预期的读者是那些弱小企业的管理者。他试图启发那些处于弱势地位的企业如何夺取优势地位。其著作前言的作者——Salesforce 网的 CEO 马克·贝尼奥夫（Marc Benioff），在本书的后面你还会读到更多关于他的故事——写道："从根本上说，这本书说明了弱小的军队如何战胜强大的军队。"

孙子是一名总体战略（Grand Strategy）的设计师。然而，目前论述孙子谋略的商业图书并没有告诉我们大企业如何利用总体战略而成为业内的主导者。这些图书讲述了大企业如何变得更大，或者它们犯了哪些错误而造成了失败。因此，本书的目标是：通过利用现代案例诠释《孙子兵法》，使小企业领导者知道如何利用其中的原则"攻城略地"，同时填补上述空白。你将对当今的商业世界拥有全新的看法，这一时刻已经来临。

当代商战中的《孙子兵法》

大规模的广告和促销预算不再能够决定一家公司的可信度。精明的小企业利用成本有效的游击营销技术与拥有巨额预算的竞争对手展开竞争。低预算的 5-Hour Energy（5 小时能量，一种含有咖啡因的功能饮料——译者注）的商业广告受到了广告产业界的强烈谴责。Chobani（乔班尼酸奶，一个美国酸奶品牌——译者注）使用了超大的杯子和耀眼的标签，使它从所有其他酸奶中脱颖而出。当波士顿啤酒公司（Boston Beer Company）开始向新英格兰之外地区扩张时，公司的创始人飞到了华盛顿特区，向酒吧推销其旗舰产品 Samuel Adams 啤酒

（萨缪尔·亚当斯啤酒，美国的一种啤酒品牌，其名称来自于美国革命家、政治家萨缪尔·亚当斯——译者注）。他乘飞机飞行的频率如此之高，以至于总统航空公司（Presidential Airlines）开始在其航班上销售 Samuel Adams 啤酒，他甚至设法将这种啤酒的名字印在了机票票封的背面。

通过这种创新并充分利用各种资源，企业才能脱颖而出。今天，你可以更加直接地接触到消费者，其成本比以往任何时候都要低。当消费者对产品进行对比时，他们会查看网络上的和社交媒体上的评论。他们会对比网络上的正面排名和负面排名，包括你的社交媒体的追随者数量以及你的“粉丝”在 Facebook 上与你交流的方式。Humble Seed 公司是一家新创办的企业，它提供高品质的有机种子。由于在 Facebook 上拥有大量的“粉丝”（目前已经接近 35000 人），它已经拥有了 10 个新的批发客户。现在，这家公司正在与更强大的品牌展开竞争。

小企业无法通过与更强大的对手展开正面竞争来赢得市场份额。想一想 Dennis Publishing（丹尼斯出版公司）的 CEO 菲力克斯·丹尼斯（Felix Dennis）的例子。他的公司与业内的强势企业 Ziff Davis 公司在消费技术（Consumer Technology）出版领域展开了殊死的竞争。丹尼斯赢了，但损失也很惨重——公司为此付出了整整两年的全部利润。孙子会认为这种方式是对金钱和资源的巨大浪费，在回顾往事的时候，丹尼斯也承认这一点。赢得竞争的小企业是通过建立战略联盟、制衡更大的企业、创造机会、做得更好并充分利用它们能够把握的每一个机会来实现这一点的。对于想努力抓住每一点优势的小企业来说，《孙子兵法》再合适不过了。

小企业的主要优势

企业理解和利用其竞争优势的程度将决定其成败。尽管在市场上进行竞争的小企业常常发现自己处于绝对的劣势之中，但它们也必须认识到自己同样拥有一些综合优势，它们必须利用这些优势。不管处于哪个行业，相对于大企业来说，小企业最常见的优势如下。我们将在后面的章节中以孙子兵法为背景详细讲解这些优势及其应用。

- 容易建立联盟
- 行动敏捷、快速
- 容易达成一致意见
- 新企业所具有的激情与狂热以及新的观点
- 流程与程序的灵活性
- 打破陈旧的世界观，并随时准备接受各种新观点
- 独立性强
- 对客户的深入理解
- 创新与创意的培养
- 开发利基市场
- 愿意承担风险
- “出其不意”地攻击对手
- 目标一致，且致力于完成使命

小企业的主要劣势

在作为战略营销与沟通顾问以及为广告代理公司工作的生涯中，我为数以百计的小企业领导者提供了支持。他们常常陷入一些致命的错误中，而孙子早已对这些错误发出过警告。对于任何熟悉小企业悖论的人来说，此处列出的某些劣势同样出现在优势列表中并没有什么值得奇怪的。

- 竞争性的工作场所，员工可能被更大的公司挖走
- 竞争性的合作伙伴和经销商，合作伙伴可能会尽力为行业领导者服务
- 即使是在产品或服务无利可图的情况下也急于实现销售，甚至在某种程度上以牺牲长远规划为代价
- 因缺乏长期焦点而无法巩固收益
- 害怕引人注目，不能坚持自己的立场，担心“与众不同”
- 缺乏组织统一目标
- 缺乏组织结构和层级
- 缺乏现金流
- 流程和系统不够成熟
- 领导者和管理人员缺乏经验
- 资源有限
- 对竞争性领域的理解不够充分

- 根据错误的但根深蒂固的假设制订决策
- 与较小的企业做生意时感知到的和实际的风险
- 对战略强调不足
- 因追寻不同的机会而使优先事项不断变化
- 在行业内的势力范围小，影响力不足

大企业的劣势

如果我们分析一下小企业的劣势并把它们颠倒过来，就可以对大企业所拥有的众多优势有一个清晰的认识。但是，我们先打击一下大企业的士气，看一看它们主要的不足之处。我们将在《斗巨头：以弱胜强的商战奇计》这本书中揭示并分析这些劣势。

仅关注核心产品和客户。上市的大企业面临着每个季度都要实现收入增长的巨大压力。每个季度都持续实现此类增长的最有效的方式是专注于其最可靠的核心市场中最大的机会。这自然会使大企业关注其最重要的产品、平台、渠道和客户。这种情况使得小企业能够利用那些对大企业吸引力较小的客户中蕴藏的机会。

难以调整。大企业的优势在于规模经济和范围经济，这使得它们能够提供更低的价格，同时获得更高的利润。这些回报的代价是：其产品和服务背后的体系像迷宫一样，令公司的各个部门（如制造、营销、销售、分销和金融）深陷其中。这种复杂性和相互依赖性使得变革非常困难、代价高昂且风险很高。

厌恶风险。与小企业相比，大企业更加难以承担风险。它们遭受的损失会更大。大企业更加倾向于接受风险较低的观念，而不愿接受包含更大风险的想法。詹姆斯·戴森爵士（Sir James Dyson）在经过了5000多次失败后，终于开发出了无袋式真空吸尘器，从而取得了重大成功。他说："大企业会规避风险，因此小企业有很多机会承担这些风险，并展开竞争。"希望战胜更强大对手的小企业必须更愿意承受失败。

但是，有些大企业也会强调创新，并愿意承担风险。在Salesforce网创立之初，它利用自己相对较小的规模创造了一种优势，使得企业能够进行快速、明智的创新，同时避开市场巨人的雷达。Salesforce公司通过在一个早已存在的市场中做一些全新的事情而取得了成功，而且其成功的模式令其他企业难以模仿。正如创新专家克雷顿·克里斯腾森（Clayton Christensen）所述，Salesforce不断培养这种创新精神，甚至是在公司成长为一家价值数十亿美元的企业后仍然如此。

小企业需要《孙子兵法》

有很多小企业看起来是在没有战略焦点的情况下运营的。当你近距离观察这些企业时，你会发现这种表象常常就是事实。它们以牺牲战略利益为代价而采取一些短期的战术行动。但是，制胜的战略不可能通过日复一日地应用相同的方法而获得。战术很重要，但是，如果不是为了支持可靠的战略而采取这些战术步骤，它们就是一些无法取得进展的活动。你的企业是偶尔出现这种情况，还是经常出现这种情况？

企业必须拥有一个现实的战略规划，而制定这样的规划需要认真地思考竞争性市场的实际情况。在制定战略规划后，企业内的每一个部门都应该制定与之协调的战略规划和策略，以支持公司的总体目标。你做的每一件事都应该有助于总体战略的部署与推进。我认为，在内心深处，我们都明白这一点，但并非所有人都会按我们认为正确的方式来经营企业。如果我们做到了这一点，那么企业培训就不可能成为一个每年收入数十亿美元的行业。

商场即战场

与2500年前在真正的战场上相比，若身处当今的商业战场中，孙子的做法显然会有所不同。他会继续强调至高无上的战略在战胜“敌人”中的作用，当然，他可能会把“敌人”一词换成“竞争对手”。他会继续强调获得情报、借助联盟、利用智谋赢得竞争、占领有利地位、分散强大对手的实力并将其击败的重要性，会提醒我们不要忘记有效领导者必须具备的特质。他还会大量讨论一个全新的群体——客户，这一群体对于古代的军人来说是无关紧要的，但在应用《孙子兵法》的原则时，这一群体对于我们来说十分重要。

如何阅读《斗巨头：以弱胜强的商战奇计》

本书包含四个部分：（1）利用《孙子兵法》掌控优势；（2）《孙子兵法》的基础；（3）战场的原则；（4）《孙子兵法》进阶：为你的小企业制定战略。在这些章节中，我们将讨论《孙子兵法》中对小企业和创业者非常重要的12个关键主题。我们的目的是协助你打造一个更加强大、更加持久且更加成功的企业。

《孙子兵法》有很多优秀的英文译本。我主要参考了莱昂内尔·吉尔斯（Lionel Giles）的翻译，他的译作是这一经典著作的第一个完整的英文版本。我还仔细研究并对比了许多可靠的，甚至在某种程度上存在分歧的翻译版本，包括托马斯·黄、格里菲斯、黄博士（J. H. Huang）的翻译版本，以及在中国《孙子兵法》研究会的一次研讨会上得到的迈克尔森的翻译版本。

关于孙子的文章非常多，其中很多是以引文的形式通过因特网传播的，非常杂乱。这些“智慧的结晶”都自称来自孙子和《孙子兵法》。但是，其中有很多解释十分牵强，有一些话语根本就没有在《孙子兵法》中出现过。在将《孙子兵法》应用到你的企业时，要特别谨慎。你必须选择一个可靠的版本，才不会被引入歧途。

另外还请注意：我会反复提到一些观点。作为一名商业类图书的读者，这种情况有时候也会让我感到不快。我希望作者说明他的观点，然后继续讨论其他问题，而不要用相同的想法来凑字数。在其短小精悍的著作中，孙子得出了一些重复性的结论。因此，当你看到我们在不同的章节中反复强调同一个主题时，我们是有充分的理由的。这并不是在凑字数。

《孙子兵法》中“五事”

《孙子兵法》开篇即讲述了五个永恒的要素（“五事”）。本书的12个主题也是以这些要素和其他统一的原则为基础的。

> “故经之以五事，校之以计，而索其情：一曰道，二曰天，三曰地，四曰将，五曰法。”

下面我们分别讨论这五个要素。

1. “道者，令民与上同意，可与之死，可与之生，而不危也。”“道”即“道义”。“道”决定了领导者的特质，体现了道义与原则，并会对胜败产生影响。在后面，孙子对“道”进行了进一步解释：

> “善用兵者，修道而保法，故能为胜败之政。”

显然，这里讲述的是一种精神层面的要素，它与每一位读者的信念体系是一致的。我们还可以将“道”应用于小企业为其客户和员工提供优质服务这一共同目标上。

2. “天者，阴阳、寒暑、时制也。”“天”是指“天时”。对于你来说，它可以代表采取行动的时机以及影响这些时机的市场因素和条件。

3. “地者，远近、险易、广狭、死生也。”这句话体现了机动灵活以及了解不同地形的优势与劣势的重要性。

4. “将者，智、信、仁、勇、严也。”我们将在第 7 章详细讲述孙子对“将”的完整描述。

5. “法者，曲制、官道、主用也。”对于孙子来说，军法、架构和组织是最重要的。

对于这五个要素，孙子说：

> “……知之者胜，不知之者不胜。”

下面我们将更加深入地讨论《孙子兵法》以及它将如何协助你主宰自己的市场。我们首先要看一看对于理解自己的公司，孙子为你提出了哪些忠告，然后再扩展到对客户的理解，而这些客户决定了你的成败。

第二部分

理解自己和市场：《孙子兵法》的基础

下面的4章包含了《孙子兵法》中被引用最多的内容，它们也是构成《孙子兵法》的基石。在这一部分中，我们将引导你了解孙子对于透彻地、实事求是地理解自己、企业、对手、市场和你的财富（客户、员工及合作伙伴）的重要性的论述。这些内容是最基础的，但不要以为很简单。你必须认真地研究这些理念。如果你忽视了这些金玉良言，那么你的企业就会遇到麻烦。

差不多每一位企业领导者都会同意，理解这些要素意义重大。但是，在实践中应用这些理念却完全是另一回事。小企业的领导者常常会做出一些他们认为正确的关于市场、企业、产品、竞争对手及其员工的假设。他们认为自己知道顾客为什么购买他们的产品，以及他们的产品如何最好地满足了顾客的需求。如果不能抛开这些错误的假设，那么他们就很容易遭受那些真正理解了自己的企业、市场和顾客的竞争对手的打击。

在继续阅读这一部分之前，一定要记住下面这段话：

“知己知彼，百战不殆；不知彼而知己，一胜一负；不知彼不知己，每战必败。”

第 3 章
理解自己

对军队完全、彻底的了解是《孙子兵法》的基础。同样，如果不能彻底理解你自己的组织，那么你永远也不可能有效地理解你的对手或市场。如果不能实事求是地评估你的优势和劣势，那么你获得的任何成功都将是暂时的。

实事求是：抛弃错误的假设

错误的假设是一些小企业领导者常见的、挥之不去的灾难。如果提出假设的人不是十分谨慎，那么这些小企业领导者就会一次次地听到并重复同样的观点，并且把这些具有误导性的想法传播到整个团队之中。领导者持续得出错误的结论，这一过程会进一步将他们与市场的实际情况隔离开来。我曾经看到过很多小企业完全误解了它们的市场，因为它们不愿意相信它们的产品或服务不符合市场的需求，或者不愿意进行必要的投资以修正公司的发展方向，或者自以为实现了所谓的创新或差异化，但实际上并没有达成这些目标。

一定要坚持将企业及其绩效与真实的数据进行比较，当两者相互冲突时，企业就要当心了。

制胜的五个基本要素

孙子认为，“知胜有五”，即判断能否取胜需要考虑五个要素。对于理解自己的军队来说，其中每一点都非常重要。

1. “知可以战与不可以战者胜。”

这一观点将在第8章中进行讲述。

2. “识众寡之用者胜。”

这一观点可以理解为懂得配备力量的一方将获胜。

3. “上下同欲者胜。”

我们将在第10章中讲述各级人员团结一致的观点。

4. “以虞待不虞者胜。”

孙子建议，应该在对手没有做好准备的时候，选择正确的时机战胜他们。但是，如果领导者没有准备好最大限度地利用这一机会，那么这种战略就无法发挥其最大的作用。

5. “将能而君不御者胜。”

最后这一点包括多个方面。强大的领导者会坚持其原则，并希望人们做对组织有利的事情。“将”必须拥有有战斗力的军队，且不受官僚机构的束缚，才能制定决策。领导者必须坚持原则，并以组织利益最大化为出发点。但是，除非他们对组织具有深刻的理解，否则，他们就无法制定最佳的日常决策或长期决策。

在论述了这些基本要素后，孙子说：

“故曰：知己知彼，百战不殆；不知彼而知己，一胜一负；不知彼不知己，每战必败。”

让所有人满意的产品

理解你的组织是什么、该做什么是至关重要的。“让所有人满意”这一陷阱会阻碍你理解并明确界定组织应该提供哪些产品或服务。由于担心丧失一笔生意，小企业领导者不愿意坚持自己的立场并宣布“公司将向这一市场提供某某产品或服务”。这种大胆的声明不仅明确了你的公司销售什么以及向谁销售，同样重要的是，它还明确了你的公司不销售什么以及不向谁销售。做出这种声明要求你知道哪些产品和市场是有利可图的。

我曾经与一家主要为联邦部门服务的咨询公司合作。公司的所有者和领导者建立起了一家健康的中型企业，但他们意识到自己遇到了一个问题。企业业务的增长仅仅基于一位客户。而这位客户巨大的需求使他们偏离了其主要的焦点，使得其业务范围出现了偏差。如果你正在努力使自己的企业发展壮大，那么你可能认为这根本不算问题。在某种程度上的确如此。但问题在于，他们进入了他们本不想进入的领域，而这对于企业的战略成长是不利的。他们接到的合约越来越多地由这样一些工作构成：不需要高技能，利润很低，其他客户不大可能具有类似的需求。同时，他们拥有一批高素质的员工，而这些员工越来越感到沮丧，这种趋势对于公司来说是双重的打击。为了遏制这种仅关注短期合同价值而不考虑其对组织长期影响的倾向，领导者对公司进行了重大改组，使其扩张到了其他领域。

在另一个常见的例子中，曾经与我合作的一家小企业撒下了一张大网，以试图捕捉到每一个机会。这听起来很好，但展现在你眼前看似机会的事件并不一定是真正的机会。有时候，你应该能够很容易地分辨出哪些“机会”对公司不利。这家公司以大中型医院和保健机构为目标客户。公司拥有一个卓越的理念，但其 CEO 的关注点不断变化。他没有委婉地告诉小型医疗保健机构，公司的解决方案和价格水平并不适合它们，而是收集它们的信息，并将它们加入到自己的客户名单之中，梦想着“针对其市场的解决方案正在酝酿之中”。实际上，公司没有能力持续满足其大型签约客户的需求，而为了开发这些客户，公司花费了无数的时间和精力。它的基础设施不足以支持它向完全不同的客户销售产品和提供服务，特别是不能为那些无利可图的客户提供服务。

大型零售店可能有能力向几乎所有人提供他们需要的商品，但小企业就做不到这一点，而试图实现这一目标只会使组织的使命和任务变得模糊不清，并增加复杂程度。复杂性会扼杀销售。这种做法行不通。一定要抵御住这样的诱惑：一种产品原本只面向一类用户，但随后你认为有机会让它同时满足另一类用户的需求，或者让所有人都满意。为了试图抓住每一个机会，我们很容易掉进“让所有人都满意”的陷阱中。但是，小企业必须记住，并非所有的“机会”都是对公司有利的机会，除非它适合你的组织和目标。

以长补短

在谈到根据不同的威胁进行相应调整时，孙子说：

"故善用兵者，譬如率然。率然者，常山之蛇也。击其首则尾至，击其尾则首至，击其中则首尾俱至。"

适应环境的前提是认识到你的组织的劣势与优势。跨职能培训和团结一致将有助于你的企业战胜这些威胁并不断发展壮大。

Atari 公司（雅达利公司，美国的一家电子游戏开发商——译者注）的联合创始人诺兰·布什内尔（Nolan Bushnell）知道，公司需要拥有一个能力全面且经过交叉培训的团队。他对自己的团队不太满意，因为这一团队主要由 B2B 工程师组成，对其客户的需求知之甚少。布什内尔的解决方案不是在研讨班或教室里对他们进行培训，而是把他们派到了"战场"上。

他要求他们分享客户和分销商的体验。为了达到这个目的，Atari 的工程师们像分销商一样，承担起了在测试地点运行游戏的责任，而且要对盈亏负责。他们学会了及时找出问题和缺陷，以免对客户或分销商产生负面影响。这种体验还使他们能够及早知道哪些游戏能够获得成功。Atari 公司甚至还将其工程师派到装配线上工作，以使他们能够更好地设计出易于加工的产品。

通过更好地理解难题的关键部分——在本例中是客户、生产商和分销商——布什内尔强化了组织的能力，并弥补了其弱点。

只有实事求是地评估并理解自己的弱点，你才能够战胜它们。

做好最基本的事情

小企业领导者必须学会找出一些因错误的假设而导致的常见的问题领域。在这些领域中犯错误最终会造成严重的问题。

直觉与检验

我坚信，为了你的职业生涯或企业的利益，你有勇气根据自己的直觉采取行动。强烈的直觉对于许多创业者和创新者来说非常重要。但是仅有直觉是不够的。在行业中进行检验（不仅仅是检验你的观点，而且还要检验将直觉变成现实的计划）有助于证明你的直觉是正确的，并保证你的观点得到了正确的实施。创业者常常会抱着一个错误的观念不放，即使是在数据和个人的经验证明这种观念不可行后仍不愿放弃，因为这是他们的“孩子”。这不是最终的结局（正如你将在第12章中看到的），但如果领导者不发生改变，那么它就是企业破产的前兆。

含糊不清的商业计划

成功的、有活力的企业都拥有统一的、有意义的目标。而不太成功的企业对其解决方案的描述含糊不清，并且缺乏差异性。如果你的企业正在试图获得融资，那么你就必须证明你对自己的商业规划（包括可靠的市场预测以及对竞争局面的理解）有深刻的认识。如果不能清晰地阐述你的规划，那么你就会遇到大麻烦。

对市场缺乏理解

对于那些吹嘘自己没有竞争对手的小企业领导者，应该保持警惕。除非你彻底理解了对手在销售什么、它们如何将产品推向市场以及它们在向谁销售，否则你就无法针对竞争对手来制定自己的策略。

失灵的模式

小企业需要理解自己的收入和盈利模式，以便了解自己的模式是可持续的，还是会中途夭折。同样，你的定价必须在市场可接受的范围内，这样它才能为你带来利润。你的模式是否有效？是真的有效吗？

理解并充分利用你的员工

了解自己的组织的基础是理解并利用能够主宰市场的强大力量，也就是你的员工。孙子关于如何对待、统领士兵的观点非常适合管理员工和团队。找到、雇用并培训天才的员工对于小企业来说尤其重要，因为与大企业的员工相比，小企业每一位团队成员为整个组织做出的贡献要大得多。例如，雇用糟糕的销售人员会对大企业造成伤害，而对小企业来说，这种伤害则是致命的。然而，这种情况每时每刻都在发生。对于正确管理自己的军队以及将每一个人配置到恰当的位置使他们有效地发挥作用，孙子为我们提供了明确的指导。小企业应该将这些理念应用于它们的团队中。

组织和指挥系统

在《孙子兵法》中，命令和指挥系统是至关重要的。

“法者，曲制、官道、主用也。”

如果对组织办事的审批流程和架构没有清晰的理解，那么组织的运转就会无效率，并形成低效率的沟通渠道。这种情况在小企业中出现会让人感到特别痛苦，因为小企业的沟通本来应该更顺畅，而且资源的保障极其重要。

孙子进一步描述了统治者令其军队陷入灾难的方式之一：

“不知三军之权而同三军之任，则军士疑矣。”

人力资源必须得到恰当的、最有效的利用，但他们也必须能够适应不同的要求。如果人力资本没有得到最佳的利用，他们对领导者的信任感就会降低，而挫折感就会增加。知道如何最大限度地利用员工的特点并充分理解他们的优势是非常重要的。

聘用实干者而不是空想者

小企业需要能够果断采取行动并迅速完成工作的员工。

“久暴师则国用不足。”

认真地制订并执行战略至关重要。尽管耐心和时机也很重要，但采取行动的时机来临后，小企业就需要拥有经过考验的、能够胜任的执行者，这些人会果断地采取行动，而不是主张不必要的延迟或为不采取行动找出各种借口。

动员强大的团队

孙子不仅强调要拥有善战的部队，还强调要利用这些部队产生最大的影响，特别是在紧要关头。

> "故善战者，求之于势，不责于人，故能择人而任势。任势者，其战人也，如转木石。木石之性，安则静，危则动，方则止，圆则行。故善战人之势，如转圆石于千仞之山者，势也。"

正确的员工，在正确的领导者引领下，向同一个方向努力，这会为组织带来巨大的力量。这是《孙子兵法》中我最喜欢的篇章，因为它强调了在正确领导下，卓越的员工能够发挥出巨大的力量。

除非团队每个人都足够忠诚，否则它们就无法强大起来。在线鞋类和服装店 Zappos 公司（美捷步公司）为我们讲述了一个著名的成功故事，在几乎所有关于优质客户服务的讨论中，都会提到这家公司。2009年，亚马逊以收购其全部股票的方式并购了 Zappos 公司，金额高达 12 亿美元。Zappos 社区（其中包括其员工）是公司能够以超低价格销售产品背后的核心力量。Zappos 公司最有名的是其为新员工支付离职金的政策。一旦新的雇员接受了大约一个星期的培训后，公司就会向他们支付 2000 美元的奖金，另外还会为他们工作的时间支付报酬。而得到这些报酬要做的就是离职。Zappos 公司以这种方式建立起了一个忠诚的、高绩效的团队，而这一团队又会将同样的精神传播给消费者。根据 Zappos 公司的统计，大约有 2% ~3% 的准新员工接受了这一出价。想想看：花费 2000 美元使企业解雇一名绩效不佳的员工，这一代价并不高。

Samuel Adams 啤酒的创造者吉姆·科赫（Jim Koch）以同样的方式努力提升波士顿啤酒公司（Boston Beer Company）员工的平均素质。他们通过下列方式来做到这一点：分析成功员工的特质，并开发出面试问题，来测试求职者是否具备与成功者相同的动机和行为特征。

关心你的员工

下面这段文字强调了领导者关心、关怀其下属的责任。

> “养生处实，军无百疾，是谓必胜。”

这种关怀不能是空头支票，必须将其转化为领导者的实际行动。注意，目标仍然是获胜，对员工进行明智管理的领导者明白，关心下属是实现这一目标的必要手段。这对于小企业尤其重要，因为员工流失的代价高昂，而且会破坏他们进行创新和满足客户需求的能力。最优秀的员工转投竞争对手麾下的代价会更高。

建立激励机制

孙子非常重视他的军队，并且特别注重对军队的激励。关于对军队的奖赏，他说：

“车战，得车十乘以上，赏其先得者而更其旌旗……是谓胜敌而益强。”

对于21世纪的小企业领导者来说，这一观点与车战无关，而是要对采取快速、成功、超常规行动的员工给予奖励。Five Guys公司（五兄弟公司）会向在每周餐馆考核中得分最高的员工提供现金奖励。这些考核会对卫生间的清洁程度、礼貌、食物的加工和厨房设备的安全性进行评级。得高分者可以获得1000美元的奖励，这笔资金将在五六个人之间进行分配。最近一年中，Five Guys公司一共向表现优异的员工提供了1100万美元的奖励。

“掠乡分众，廓地分利。”

孙子教导我们，要与企业的员工分享成果，包括那些因经营领域扩大而获得的新机会。对于需要不断获得投资的成长中的企业来说，诸如股票期权和基于绩效的奖金等激励措施使你能够在不为公司造成过度负担的情况下奖励员工，正如孙子的忠告一样。

不要要求过高

成功的小企业之所以能够取得成功，是因为它们的员工受到了激励，工作时非常努力且十分聪明。但是，孙子警告我们，不要为你的员工施加过重的负担，并驱使他们：

“……日夜不处，倍道兼行，百里而争利……”

对军队提出过于苛刻的要求会使你的部分部队落入敌人的手中，使得大部队无法到达目的地，并有可能导致将领被俘。

“谨养而勿劳，并气积力；运兵计谋，为不可测。”

小企业知道保持机动的重要性。最具创造力的小企业是由自身创造力和不断创新打造出来的。基于这一点，你应该有效地利用你的优势和资源，以便在必要的时候能够聚“势”。这就要求你认真地协调所有员工的能力与局限性。领导者对其员工的能力和不足之处的了解越深刻，他们就越能够准确地判断员工在哪些时候面临着过度的压力，从而使员工总是能够发挥最大的作用。

不要要求过低

在第7章中，我们将探讨可能会对将领产生影响的五种致命错误（“五危”）。其中第五种错误是对他的下属过度担心，这会使他陷入烦恼和麻烦之中（“爱民可烦”）。

小企业领导者可能会表现出对其员工幸福的过度关心。这种趋势可能会使他们主要根据其员工的想法和感受制定决策，而这样做会牺牲公司的利益。对于孙子和你来说，这两种极端——强迫你的军队向前推进或者过度关心他们的福利——都是不可取的。

执行纪律

毫无疑问，孙子预测胜败的“七计”都与军事有关：

1. “主孰有道？”
2. “将孰有能？”
3. “天地孰得？”

4. “法令孰行？”

5. “兵众孰强？”

6. “士卒孰练？”

7. “赏罚孰明？”

身经百战的将领和善战的、强大的军队至关重要。严格执行法纪也是如此。

对于孙子来说，命令和奖惩与君主的特质、将领的才干以及军队的实力同样重要。法纪、一致性以及对预期清晰的判断是至关重要的，但小企业领导者可能会认为这是理所当然的。然而，在小企业中广泛存在着错过最后期限、领导者优柔寡断、员工不服从上级以及消极情绪等，其普遍程度让我们感到吃惊。

对于一位新领导者如何在企业中体现出纪律，孙子提出了以下忠告：

> “卒未亲附而罚之，则不服，不服则难用。卒已亲附而罚不行，则不可用。”

在此，孙子的忠告是：只能对拥戴你的人给予适当的惩戒，而不能不分青红皂白地做出决定。相反，如果你的部下拥戴你，而你并不愿意执行纪律，那么你可能无法利用他们。

一致性非常重要

“在组织内部进行清楚、一致的沟通至关重要。”

> “令素行者，与众相得也。”

案例

Five Guys 公司

我生活在弗吉尼亚州的北部。我记得，以前在当地只有一两家 Five Guys 公司的餐厅。现在，这些餐厅已经随处可见。Five Guys 公司的故事是“做自己擅长的事、锁定自己的优势，并为客户提供一致的体验”的典范（在第 9 章中你会理解为什么我们可以从 Five Guys 公司学到更多的东西）。

Five Guys 公司是一家高速成长的美国餐饮连锁企业，其店面的数量自 2009 年以来已经增加了 1 倍。2012 年，Five Guys 公司的收入已经超过了 10 亿美元。它是一家“高档汉堡”店，每个汉堡的售价在 8 美元左右。这是一个 20 亿美元的细分市场，且这一市场还在不断成长，而 Five Guys 公司占据了其中将近一半的份额。我们都知道，美国的快餐汉堡市场被麦当劳（Mcdonald's）、汉堡王（Burger King）和温迪汉堡（Wendy's）所主宰。

Five Guys 公司通过一些重要且有意思的方式使自己与众不同。创始人杰里·默雷尔（Jerry Murrell）并没有发展“高档汉堡”连锁店，自 21 世纪前 10 年中期以来他的餐馆却引爆了这一市场类别。这一类别中包括 In-N-Out 汉堡（In-N-Out

Burger）、Fuddruckers 汉堡（我丈夫最喜欢的汉堡品牌），以及新进入者 Smashburger 汉堡和 Shake Shack 汉堡。Shake Shack 汉堡的后台老板丹尼·梅耶（Danny Meyer）声称，他并没有将 Five Guys 公司看成是竞争对手，因为“水涨众船高”。为了证明这个市场还可以容纳其他参与者，2009 年，梅耶甚至在 Five Guys 公司的一次加盟经销商大会上做了演讲。

如果说梅耶让 Five Guys 公司感到温暖的话，那么快餐巨人就不太友好了。Five Guys 公司无法在价格上与快餐汉堡竞争。相反，麦当劳和汉堡王已经推出了它们自己的“高档汉堡”，食客们可以选择品质更好的安格斯（Angus）牛肉。

说到品质，默雷尔称“质量控制”是 Five Guys 公司的“诱人之处”。他的餐厅不使用任何冷冻产品——一种都不用。每一个汉堡都是按订单制作的，消费者可以在 17 种不同的口味中进行选择。餐厅不提供免下车的服务，因为等待的时候会很长。餐厅通常会贴出一个告示：“如果你赶时间，不远处还有很多汉堡店。”其中包含的意思是：“我们的汉堡值得你下车并等上一段时间。”显然消费者也认同这一点。

Five Guys 公司的餐厅非常重视其汉堡的细节，对土豆的选择也很严格，并且在每一个餐厅都拒绝使用“任何冷冻的东西”。他们也不提供外卖派送服务。默雷尔告诉《公司》（*Inc.*）杂志，他曾经亲自接到过一位在五角大楼上班的海军上将的电话。这位上将说，所有人都在为五角大楼提供外卖派送服务。默雷尔没有让步，而是在店面的前面挂起了一面旗子，上面写着“绝不派送”。但是，到这里来用餐的五角大楼里的人一直很多。

尽管大多数快餐连锁店与人们的关系就是一种交易关系，但默雷尔知道，其企业的价值在于客户、员工和供应商。Five Guys 公司从来没有与其特许经销商发生过法律纠纷。他将这一成绩部分归功于每季度召开的独立特许经销商会议。自 1986 年以来，公司一直在使用相同的供应商，是因为它们恪守质量承诺，并给客户带来了一致的体验，而低成本并不是公司优先考虑的问题。他们还鼓励员工为客户提供杰出的服务。

Five Guys 公司通过挖某些竞争对手的墙角而展开竞争。原 Checkers 公司的一位高管现在正在负责 Five Guys 公司新店面的开设，一位原汉堡王的经销商现在正管理着 Five Guys 公司拥有的 200 个店面。但是，如果你不能很好地理解并利用你自己的优势和资产，那么理解竞争对手就没有任何价值。

为了做到“少而精”，默雷尔成功地找出了其他公司没有做到或做得不太好的地方，并填补了这一利润极其丰厚的市场空白。

Samuel Adams 啤酒

波士顿啤酒公司（Boston Beer Company）的创始人吉姆·科赫（Jim Koch）将其旗舰产品以萨缪尔·亚当斯（Samuel Adams，1722—1803 年，美国革命家、政治家——译者注）的名字来命名，而他本人也像亚当斯一样完成了一些革命性的事件。他在一个竞争极其惨烈的领域中创造出了一种高品质的产品，并使消费者能够很容易地买到这种产品。但是，让他的啤酒进入消费者的杯子里并不容易。

1985 年，当科赫开始分销自己创造出来的啤酒时，美国人认为高品质的啤酒都是进口的。一些消费者宁愿花更多的钱购买喜力啤酒（Heineken）或贝克啤酒（Beck's），但也不愿意花高价购买美国产的啤酒。然而，这种阻力成就了一个令人兴奋的新利基市场。随着啤酒市场不断演变以及消费者口味的改变，Samuel Adams 啤酒被认为是一种买得起的奢侈品。

在革命发生之前，波士顿啤酒公司无法说服波士顿当地的分销商销售其啤酒。因此，科赫租了一辆卡车，并给一家家酒吧送货。在每一家酒吧，他都会告诉人们其啤酒的酿造工艺有多么精湛，原料的质量有多好，并鼓励潜在的购买者品尝。随着 Samuel Adams 这一品牌将啤酒花革命从新英格兰传播到华盛顿特区，给一家家酒吧送货的方法取得了成功。

与 Five Guys 公司的杰里·默雷尔一样，科赫十分清楚它在向市场提供什么产品——可口、新鲜的美国啤酒。Samuel Adams Boston Lager 面世 6 个星期后，在全美啤酒节（Great American Beer Festival）上荣获了“美国最佳啤酒”的称号。科赫还很清楚他的啤酒在其宏伟计划中的位置。他的竞争对手就是进口啤酒，而不是美国产的啤酒。对于理解为市场提供什么产品方面，他的建议是：“与现有的产品相比，如果你的产品不能做到更好或更便宜，那么你的企业根基就不会牢固。”

今天，科赫创造的潮流带动了美国2400家小啤酒厂的发展，而这一品类现在已经拥有了美国啤酒市场份额的6%。Samuel Adams啤酒占美国啤酒市场份额的1%。这听起来可能微不足道，但2012年它的收入为6.29亿美元。这与占据很大市场份额的InBev啤酒和MillerCoors啤酒形成了鲜明的对比，而美国啤酒的爱好者（以及其他能够买到Samuel Adams啤酒的20多个国家中的啤酒爱好者）应该感谢这位精酿啤酒运动（Craft Beer Movement）的发起人。

第 4 章

理解对手

企业对其竞争对手的理解程度是决定其成败的一个重要因素。了解组织的优势、劣势和实际情况非常重要，但这最多只是整件事情成功的一半，正如孙子的名言：

“知己知彼，百战不殆。”

“理解敌人”这一忠告是《孙子兵法》各篇的基础。下面我们看一看他关于“料敌制胜”的至理名言。

为胜利创造条件

“知吾卒之可以击，而不知敌之不可击，胜之半也。”

自己为商战做好准备只是成功的一半。你可以采取防御性的战略，专注于理解自己的组织。这样做可以使你立于不败之地，但除非你能够彻底理解竞争对手的优势和劣势，否则就无法取得突破，实现成功。与地位牢固的竞争对手短兵相接只会为你带来灾难性的后果。

“不可胜在己，可胜在敌。”

此处的要点在于：你必须知道对手在什么条件下会暴露出弱点，必须充分理解竞争对手，才能看到这些可乘之机。孙子继续说道：

“故善战者，能为不可胜，不能使敌之必可胜。”

如何才能保护自己不被击败，并充分利用对手提供的机会？让我们看一看孙子对于如何确定竞争对手的劣势并采取决定性行动有哪些建议。

找出对手

在孙子的时代，交战双方十分明确，而你的战场却不那么清晰。你可能面临着兼并与收购随时发生的局面，或者处于一家大企业将其他企业赶尽杀绝的市场中。你可能会看到新的对手进入了你的市场，而另一些则在悄然崛起。竞争对手的身份有些是你知道的，而有些则是你完全不了解的。

不要因为你拥有与众不同的技术或流程，或者因为你没有进行尽职调查以找出其他市场参与者，就错误地认为自己没有竞争对手。一些成立甚至运营一段时间的小企业认为它们是市场上能够满足客户需求的唯一企业，这是永恒的谬论。即使你的产品是前所未有的，但同样存在着可以替代的选择，尽管这些替代品可能不够尖端，或者成本更高。你必须彻底了解这些不同的选择。

创造机会以战胜敌人

在武术对练中，如果你的对手武艺高超，那么面对面地朝他打出最快速、最精确的一拳或踢出一脚，并希望能够打到他的身上，这种打法成功率很低。一次性的打击很容易被发现，并且被躲开。这就是为什么真正优秀的武术家知道如何利用伪装、反击和组合拳以创造机会，重创对手。在我学习武术的时候，这是很难的一课。而我的指导教师阿努申伍（Uche Anusionwu）却非常擅长这种技术。他佯攻，我进行反击，然后他一拳把我打倒在地。他会用事实反复提醒我要“创造出可乘之机”（Create The Opening）。

经营企业也是一样，特别是在面对更强大的对手时。你不能对它发起针锋相对的进攻，希望一招制敌。你需要创造机会。当防备你打向他头部的组合拳时，他就很难防备你的膝部攻击或对其肋部的攻击。在他挡住你的一击并试图改变攻击的方向时，就可能会露出空当，此时你能够绕过他防守的胳膊并掐住他的喉咙。此处的要点在于要创造出可乘之机，然后迅速抓住这一机会。如果你的对手训练有素，那么他就不会犯同样的错误，不大可能再给你一次机会。

“制造机会。”出击！“发现可乘之机。”穷追猛打！

充分利用外部因素创造的可乘之机同样有效。有一天，我和指导教师阿努申伍在课程快要结束时练习如何防御对方砍来的刀，而其他人则正在换衣服准备回家。作为防御者，我的后背靠在墙上，而攻击者则用刀来砍我。阿努申伍举起训练用的刀朝我砍来。我们的教练兰迪·哈金斯先生站在垫子外面，并没有看我们练习。他呼唤阿努申伍的名字，吸引其注意力。阿努申伍转过头去看教练。在他的注意力被分散时，我毫不犹豫地冲上去锁住了他的手腕，顺势把他摔倒地垫子上，并夺下了他手中的刀。教练轻声地笑了，并向我祝贺。当坏家伙手里有刀时，就不必考虑什么规则。

这个故事说明了孙子有关“准备”的原则：

> “攻其无备，出其不意。”
>
> “……乘人之不及，由不虞之道，攻其所不戒也。”

Netflix 公司是企业寻找——甚至是创造——机会的一个很好的例子。电影租赁巨人百视达公司（Blockbuster）可能知道它的优势所在，却无力与新兴的对手 Netflix 公司抗衡，因为 Netflix 公司在满足市场对娱乐和便利性需求方面拥有更加卓越的能力。

引诱敌人犯错误

如果对竞争对手的理解十分深刻，那么你就可以利用他的弱点，并刺激他犯错误。在下面这段文字中，孙子讲述了如何扰乱对手的心态：

> “怒而挠之，卑而骄之。”

避实击虚

避实击虚的观点是孙子思想的核心，小企业必须遵循这一观点。这一忠告同样也适用于大企业，但小企业显然别无选择。

“进而不可御者，冲其虚也；退而不可追者，远而不可即也。”

此处有两个要点：要攻击对方薄弱之处，而且速度要快，永远不要攻击对方重点设防的领域。

“将不能料敌，以少合众，以弱击强，兵无选锋，曰北。”

永远都不应该以少量的军队去对抗数量众多的敌军，或者以弱小的军队去抵抗强大的军队。托马斯·黄将挑选出来的士兵称为“先锋部队”（spearhead）。后续部队要配合先锋部队，以使攻击能够协调进行，并将最精锐的士兵安排到能够最大限度发挥其潜力的地方。

评估竞争对手

认真对比对方与自己的军队，你就可以了解其优势与不足之处。你需要制订优势和劣势指标，以便于得出清晰的结论。这些指标就是一套评价标准。

“杖而立者，饥也。汲而先饮者，渴也。”

从对这些信号的解读中，你可以获得大量与竞争对手相关的信息。你的竞争对手缺乏什么？他们遇到了哪些困难？他们是否正在经历大量的人员流失？他们的差旅费预算是增加了还是被削减了？其他支出类别又如何？要参加竞争对手的会议和贸易展，并观察其广告支出和社交媒体活动。这些公开的资源能够告诉你竞争对手正在将资金集中到哪里，这可以作为判断其下一步行动的目标。我们将在第 14 章中更加详细地讨论如何获取情报。

要提防那些与你近在咫尺却不动声色的对手。密切观察他们的行动：

“敌近而静者，恃其险也。”

不要只看表面现象。应该认真分析对手的行动而不是他说了些什么：

“辞卑而益备者，进也。辞强而进驱者，退也。”

把握攻击的时机

衡量对手并攻击其薄弱之处的重要一点是攻击时机的选择：

“出其所必趋，趋其所不意。”

与竞争对手相比，机动灵活是小企业的一个主要优势。如果你能够理解自己和对手的优势与劣势，那么你就能够确定攻击的时机，从而使收益最大化。

避开对方布下的陷阱

孙子要求其将领分散敌人的注意力，并诱使他们做出错误的判断，同样，他也要求其将领不要落入敌人的陷阱之中：

> “远而挑战者，欲人之进也；其所居者易，利也……半进半退者，诱也……来萎谢者，欲休息也。”

这段话说明，我们要对敌人的行动和心理进行认真的观察与分析。

牢记准则

为《孙子兵法》作注者之一杜牧对“强而避之”的注释是：

> “……敌人乘兵强气锐，则当须且回避之，待其衰懈，候其间隙而击之。”

案例

Chobani 酸奶

在希腊经济危机爆发之前不久，我和丈夫一起去雅典参观。正是在这片紧临爱琴海的陆地上，我们首次品尝到了甘醇浓郁的希腊酸奶。我们从来没有品尝过这样的美味，并把它当成再来这里的众多理由之一。在回到家乡后不久，我们发现在所有的食品店里突然出现了希腊酸奶，想象一下我们有多么兴奋吧。

我们要感谢土耳其移民哈姆迪·乌鲁卡亚（Hamdi-Ulukaya）将这种地中海的美味带到了我们的社区里。Chobani 酸奶的创始人乌鲁卡亚认为，只要美国人有机会品尝一下希腊酸奶，那么他们肯定会喜欢它。他说，百事、可口可乐、通用食品和卡夫等市场巨人左右着酸奶市场，但它们的产品极不健康，含糖量很高，且质量很低。但是，这些巨人说，这就是美国消费者需要的产品。

当 Chobani 酸奶于 2007 年上市时，希腊的 Fage 公司正在将其酸奶出口到美国和一些欧洲国家的专卖店，但并没有引起人们的关注。乌鲁卡亚走进这些商店并与购买希腊酸奶的消费者交谈。随后，他和他的公司进行了反复测试，以试图开发出一种品质最好、口味始终如一的产品。他并没有多少零售知识，但抓住了Chobani酸奶的第一次重大机遇：当时ShopRite公司［一家南非零售商，并且是美国最大的零售商所有的合作企业（retailer-owned cooperative）——译者注］允许它用货物而不是现金来冲抵货架占用费（shelf slotting fees），并允许他们在店内提供酸奶样品供消费者品尝。乌鲁卡亚说服了食品店将其产品摆放在主要的奶制品区，而不是放到专卖店或其他被人们认为理所当然的区域。对于引爆一个利基市场来说，没有什么能够比这样做更吸引大众眼球的了。

在不到五年的时间里，这家新起步的公司就与那些市场巨人平分秋色了。在最近的一年中，Chobani酸奶的销售收入超过了6.5亿美元，并占据了美国17%的酸奶市场。而在2007年的时候，希腊酸奶在美国市场中所占的份额还不到1%。

乌鲁卡亚知道如何生产一种能够吸引美国人和大部分消费者味蕾的高质量产品。但是，他更理解竞争对手。2009年，预测显示，Chobani酸奶的周产量应该增加1倍，达到40万盒，以满足不断增长的需求。但别急，这样的飞跃难道不会引起优诺（Yoplait）和达能（Dannon）等市场巨人的愤怒吗？乌鲁卡亚对《商业周刊》承认了这种风险。“对于一家新企业来说，”他说，“你需要保持较小的规模，这样其他企业就不会对你发起攻击，或者你将目标设定为成为这些大企业中的一员。如果你做错了，那么你就有可能失去一切。”把事情做对，否则就失去一切。非此即彼，没有其他选择。他决定把事情做对，并把企业做大，他设定的目标超过了预测，每周生产

100万盒。2011年，订单数量提高到每周120万盒，Chobani酸奶开始向国际市场进军。

Chobani酸奶打开了希腊酸奶概念的闸门，其他公司也试图挤进这一市场之中。面临大大小小的竞争对手，Chobani酸奶能否保持其在希腊酸奶领域中的主导地位，我们将拭目以待。

Chobani酸奶曾经采取过很多正确的行动，这表明它对竞争对手以及市场和企业自身非常了解。下面这些要点是对《斗巨头：以弱胜强的商战奇计》中重要主题的说明：

差异化。由于没有资金做广告，乌鲁卡亚使用了与其他任何奶制品都不相同的超大杯子。他还开发出了以前从来没有过的菠萝和石榴口味的酸奶。

建立忠诚的客户群。Chobani酸奶将其忠诚的客户当成是“Chobani爱的故事”广告活动的基础。它让客户来说出Chobani酸奶对他们意味着什么。该活动使Chobani酸奶销售量成倍增加。客户忠诚度很重要，因为新的竞争者正在进入这一领域，而且一些超级品牌也推出了它们自己的希腊酸奶产品，包括价格更低的产品。

找到一个利基市场。“在消费者层面，希腊酸奶的流行是对酸奶和干酪棒等产品进行独立包装以来奶制品行业中最大的创新。”康奈尔大学食品加工与开发实验室主任罗伯特·拉耶尔（Robert Ralyea）对彭博社（Bloomberg）这样说。他还将Chobani酸奶的成功归因于对这种创新产品进行的杰出营销。

将劣势转变为优势——并把故事告诉大家。“Chobani”一词在土耳其语中是牧羊人的意思。公司赞助了 2012 年伦敦奥运会，并制作了杰出的电视广告，这些广告强调了其草根起源。在 Chobani 社区故事的背景下，这些广告讲述了这种产品如何使当地的奶农、工厂的工人以及卡车司机重新振作起来，以及 Chobani 酸奶是如何支持美国国家运动队的。它还展示了一个农村社区搭建临时的剧场来观看比赛的场景。这个广告将“规模小”转化为一种优势，并且与全国的观众建立起了一种情感联系。Chobani 酸奶还赞助了参加 2014 年冬季奥运会的美国运动队。

第 5 章

理解市场

许多创业者、小企业领导者和空想主义者都会对市场、客户和机会做出假设，并用这些假设主宰自己的决策。利用假设制定决策，往好的方面说，是一种“无知者无畏”的表现，而在最糟糕的情况下，会造成企业的毁灭。你对自己的市场做出了哪些假设？

“知彼知己，胜乃不殆；知天知地，胜乃可全。”

在本章中，我们将根据孙子对地形（ground）的分析来探讨市场要素。《孙子兵法》对地形的类型以及根据不同的环境规划行军路线进行了大量的论述。回忆一下我们在第2章中讲述的“五事”，其中“天”可以代表天时，我们将它看作影响竞争的市场因素和条件，“地”体现了机动灵活以及理解不同地形优势与劣势的重要性。

孙子警告说，如果对你的战场缺乏透彻的理解，那么你对自己的组织和对手的理解就不能成为你采取行动的基础：

“不知山林、险阻、沮泽之形者，不能行军。”

到有机会但还没有敌人的地方去

“行千里而不劳者，行于无人之地也。”

孙子告诉我们，应该去敌人还没有到达的地方。Chobani 酸奶向美国大众市场推出了希腊酸奶的概念，而且在一段时间之后，大品牌才跟随其后进入了这一战场。Samuel Adams 啤酒引领了美国精酿啤酒革命。而正如今天我们看到的那样，PayPal 彻底改变了在线支付，我们将在第 12 章讲述这家公司的故事。

当敌人放松警惕时再行动

如果敌人没有预料到你会发起攻击，或者没有做好迎击的准备，那么你就可以发起进攻。

> “攻而必取者，攻其所不守也。”

Netflix 公司进入了电影租赁业巨头百视达公司没有设防的领域。

利用当地的向导

> “不用乡导者，不能得地利。”

小企业能够以多种方式来利用当地向导这一观念。吉姆·科赫住在波士顿地区，而 Samuel Adams 啤酒也是首先在那里取得进展的。乌鲁卡亚走出办公室去同真正的希腊酸奶消费者进行交谈。Five Guys 公司从相互竞争的餐饮企业中聘用了高级专家。诺兰·布什内尔将 Atari 公司的工程师们派到游戏销售的现场和生产地点。新建立的企业和小企业可以引入拥有必要专门知识的咨询人员或组建一个可靠的顾问团队。你应该如何利用当地向导？

选择地形

孙子指出，地形可以分为九种：

散地，轻地，争地，交地，衢地，重地，圮地，围地，死地。

让我们逐一分析这九种地形以及如何穿越每一种地形。

诸侯自战其地者，为散地（Dispersive Ground）。如果你在自己的国土上作战，那就说明战争找上门来了。小企业发现自己处于散地并不是什么好事。这就是为什么利基市场十分重要的原因。Samuel Adams 啤酒并没有致力于取代百威啤酒（Budweiser）的地位，成为最畅销的啤酒。Five Guys 公司的使命并非要击败快餐行业中所有的竞争者。Chobani 酸奶决定加大赌注并引起最大的竞争对手的注意力，但它知道自己将要面临什么，而其 CEO 相信自己的公司定位准确。

当你处于“散地”时，孙子说：

- “散地吾将一其志。”
- “散地则无战。”

入人之地而不深者，为轻地（Facile Ground）。“轻地”即“入敌国浅”。在市场中，我们可以用下面的例子来进行描述：试探着提出一个概念，但如果无法获得成功或者看起来不可能成功，则马上撤退。Five Guys 公司尝试着推出了咖啡和鸡肉三明治。这两种产品都没有取得成功，公司便在菜单上删除了它们。

孙子说：

- “轻地吾将使之属。”
- “轻地则无止。”

处于“轻地”时，你应该保持机动，以使自己不被敌人包围。吉姆·科赫知道如何制造并销售好啤酒。但是，波士顿啤酒公司也知道并非所有的啤酒都会受欢迎。多年来，公司曾经开发过几十种啤酒，但它们都夭折了。公司接受了这些损失，并迅速转向下一个战场。

跨国网络设备公司思科系统公司（Cisco Systems）拥有巨大的产品范围。但是，它还希望在其参与的市场中处于领导地位。思科公司的最低目标是在所有市场中至少占据 40% 的份额，而如果市场份额降低到 20% 以下，它就会退出这一市场。这种战略对于思科公司是有效的，在过去 10 年中的大部分时间里，公司保持了 70% 的网络产业市场份额。

报告每季度收入增长的压力使得诸如思科之类的大企业只能专注于成功的产品。较小的企业则在创造可行的且可持续发展（但不大可能一夜成名）的产品方面具有更大的自由。但是，它们必须在头脑中时刻保持一幅完整的图景，并且不要忘记有些客户和模式是无利可图的。

我得亦利，彼得亦利者，为争地（Contentious Ground）。占领“争地”对于你或者敌人来说都是有利的。如果某一领域现在还不是一个拥挤的市场，那么它可能很快就会是了。Airwalk 公司（我们将在后面的专栏中进行讲述）就是一个“先得后失”的典型例子，它将一种非常成功的利基产品转化为一种主流产品，最终却没有守住阵地。

孙子建议：

- “争地吾将趋其后。”
- “争地则无攻。”

处于“争地”时，不要攻击敌方，因为你在兵力上可能不具有优势。你不应该在对敌我双方同样有利的“争地”同敌人交战，而是应该仔细地规划你的行军路线。

我可以往，彼可以来者，为交地（Open Ground）。对于小企业来说，交地与争地类似。处于交地时，军队各部之间不能相距过远：

- 交地则无绝。

交地是其他人也会争夺的地区。如果不想被敌人分割后歼灭，就要保证自己的军队前后不会脱节。

孙子说：

- “交地吾将固其结。”
- “交地则无绝。”

诸侯之地三属，先至而得天下之众者，为衢地（Intersecting Highways）。在此，孙子描述了如何获得这一地区的控制权。先到者将会占领衢地。但是，如果你不具备占领市场“衢地”的关键要素，那么就应该考虑一下孙子在讨论各种战术时对“衢地”的论述：

> “圮地无舍，衢地合交，绝地无留。”

“合交”是什么意思？在营销经典著作《冲破停滞点》（*The Sticking Point Solution*）一书中，20 世纪企业家的偶像杰·亚伯拉罕（Jay

Abraham）写道：依靠技能、特质和勇气取得成功的人们需要与时俱进。21 世纪的小企业领导者需要与其他人进行创造性的合作。他援引了罗伯特·哈尔格罗夫（Robert Hargrove）的预测：本世界伟大创业者最典型的特点是他们如何与其他人进行创造性的协作。没有一个人——包括你我，以及那些努力开拓全球市场的企业家——能够拥有参与竞争所需的所有技能。但是，仍然有很多小企业领导者尽其所能经营自己的企业。

孙子说：

- “衢地则合交。”
- “四通者，衢地也。”
- “衢地吾将谨其守。”

在第 6 章中，我们将更深入地讲述如何与盟友联手，包括采用一些意想不到的方式。

入人之地深，背城邑多者，为重地（Serious Ground）。与轻地不同，我们需要对“重地”进行深入的讨论。

> “入深者，重地也；入浅者，轻地也。”

Chobani 酸奶成功地进入了酸奶市场的腹地。但是，它并非只是凭借一种酸奶做到这一点的。公司创造出了一种与众不同的、高品质的产品，并进行了有效的包装。

身处重地需要具备以下资源：

> “重地吾将继其食。”

正如孙子所说，你应该尽最大的努力，快速、有效地集中各种资源，并充分利用它们：

> “重地则掠，圮地则行。”

山林、险阻、沮泽，凡难行之道者，为圮地（Difficult Ground）。黎巴嫩、印度尼西亚、塞内加尔等国的创业者就处于“圮地”。尽管这些地区的年轻创业者们拥有难以压抑的创新精神，但他们要面对反对创新的传统和文化。除了来自竞争对手的威胁外，他们还必须穿越种种艰难险阻才能获得成功。但是，付出这种艰苦努力会得到巨大的回报。雅虎公司以 1.75 亿美元的价格收购了阿拉伯语门户网站 Maktoob。雅虎在中东地区拥有 2000 万用户。

孙子说：

- “圮地则行。”
- “圮地吾将进其途。”

即使面临极端困难的局面，中东、北非和亚洲某些地区的创业者也必须不断前进。

所由入者隘，所从归者迂，彼寡可以击吾之众者，为围地（Hemmed-In Ground）。孙子继续描述道：

> “背固前隘者，围地也。”

围地的入口狭窄，归路迂远，这是小企业伏击大企业的绝佳地区。在围地，较小的力量可以造成最大的伤害。孙子建议：

- “围地则谋。”
- “围地吾将塞其阙。”

“谋”是战争中智胜敌人的诡计或计策。孙子告诫他的将领，如果退路被切断，就要将军队团结起来，以免军队的力量因叛逃而进一步受损。百视达公司就是一个典型的反面例子，它将自己困于传统模式中，最终失败了。当 Netflix 公司和其他流媒体服务公司凭借一种更加先进的交付方式进入这一领域时，这个市场巨人被打垮了。

疾战则存，不疾战则亡者，为死地（Desperate Ground）。死地与围地不同，围地是指前方的道路狭窄，而死地则是指走投无路之地。这种局面十分严峻，实际上：

"死地吾将示之以不活。"

还有一种选择，孙子说：

"死地则战。"

第 8 章和第 12 章将要讨论的 Priceline 公司就是一个身处死地并最终将绝望转化为成功的例子。

对于小企业来说，所有的局面都难以应对。处于衢地时，你需要依赖伙伴和朋友。处于绝地和交地时，则需要寻找掩体或转移。处于围地时，你需要进行谋划。当你别无选择时，只能拼死一搏。

如果你有一个可行的想法，那么留给你实施这一想法的时间不会太长。许多小企业会选择进入围地，那里拥有巨大的机会，但竞争对手也很多。如果你进入这一领域，那么你就需要拥有足够的力量应对即将来临的挑战。记住，在围地，少数定位准确的对手就可以发起攻击并击溃包括你在内的大多数竞争者。但是，如果你能够占领有利位置并包围你的竞争对手，那么你同样也可以战胜大多数对手。

盈而勿从

孙子不止一次地警告我们，不要跟随一个做好充分准备的对手进入他控制的市场：

“若敌先居之（隘形），盈而勿从，不盈而从之。”

这段文字来自《孙子兵法·地形第十》，其中谈到了难以行动的狭窄道路。这段文字给小企业的警示是：当竞争十分激烈时，要避开被强劲对手牢牢抓住的客户以及对强劲对手的产品和服务十分满意的客户，还要避开连对手都难以赢得的客户。竞争激烈的市场就相当于狭窄的道路。你希望打击的是那些没有准备（特别是对客户的控制不够牢固）的对手。

知道何时转移

正如我们将在第 12 章中看到的，有时候你不必感到绝望，而是需要改变自己的商业模式并奋力一搏。许多企业通过精明的规划走上新的道路，取得了成功。

案例

Airwalk 公司

我最喜欢的案例之一是 Airwalk 公司，它在理解其市场并将自己定位于最有利的位置方面经历了一段非凡的历程。这家运动鞋公司成立于 20 世纪 80 年代中期，专注于滑板的生产。Airwalk 公司培养了一批狂热的追随者，几年之后，它就成长为一家年收入 1300 万美元的企业。企业所有者下一步的打算是将这家小企业打造成一个国际品牌。他们将业务延伸到了冲浪板、滑雪板、山地自行车和自行车比赛领域。他们还聘用了一家小型广告代理商 Lambesis 公司。在不到两年的时间内，Airwalk 公司成长为一家大型企业。

在有限的预算下，Lambesis 公司制作了一系列杰出的图片，向人们展示了消费者与它们购买的 Airwalk 产品的密切关系，随后又制作了一些令人过目难忘的电视商业广告。这些广告十分精彩，对年轻人产生了巨大的诱惑力。但是，如果他们打算将 Airwalk 打造成一个大品牌，需要做的事情还有很多。他们必须把握引领潮流的滑板运动亚文化，并把它包装成大众消费品。

为了实现这些想法，Lambesis 公司建立了一个由生活在各个国际大都市中的年轻精英们组成的网络，并勾勒出一幅不断演化的新趋势的图景。通过将其发现与主流年轻人的言行进行对比，Lambesis 公司就可以跟踪一些观点，而这些观点有可能使公司实现从另类的“酷”向主流的飞跃。这些观点将成为 Lambesis 广告和 Airwalk 品牌的一部分。

这个团队的工作极其出色。他们在趋势刚刚出现苗头时，就开始设计广告。到广告上市时，这些趋势（或者至少是其中大部分趋势）正好开始流行。例如，有一部分人喜欢看功夫电影，因此 Lambesis 公司制作了一则模仿功夫的广告，在广告中，Airwalk 的英雄打跑了恶棍。他们还在其滑板广告中融入了功夫的创意，从而与年轻人的文化融合在一起。

但不幸的是，Airwalk 公司的故事也向我们展示了未能有效利用《孙子兵法》的后果，因为它没有注意到下面这一原则：

“知敌之可击，而不知吾卒之不可以击，胜之半也。”

市场对 Airwalk 公司是开放的。但是，公司错误地将其力量用于不断发动攻击并试图主宰市场上面。尽管事实证明公司对消费者具有深刻的理解，但这个优势并没有保持住。在 20 世纪 90 年代达到巅峰后，Airwalk 公司开始出现产品问题。过去曾经十分忠诚的分销商也失去了耐心。

作为公司没有做好准备即发起攻击的另一个例子，Airwalk 还丧失了其对敏锐感觉的专注。它的产品变得不再“酷”。它生产的鞋不再具有创新性。Airwalk 甚至放弃了为独立的小型滑冰鞋商店提供在其他地方买不到的更专业的独家产品线。曾几何时，引领时尚的人们可以买到一双更好的、独一无二的运动鞋。但随后，Airwalk 抛弃了这一利基战略，并开始为大规模购物中心提供相同的运动鞋。

Paychex 公司

如果你的企业使用工资处理服务，那么这种服务很可能是由 Paychex 公司提供的。这家公司证明了充分理解市场从而发现市场缺口并创造机会的威力。

1971 年，汤姆·格里萨诺（Tom Golisano）发现了以较低的价格向不到 100 名员工的企业提供工资外包服务的潜在机会。行业巨头 ADP 公司专注于员工更多的企业。ADP 公司的收入中只有 5% 来自于较小的企业，它的目标客户仍然是较大的企业。格里萨诺带着他的计划去找他的雇主——一家为大企业提供服务的地区性工资处理公司。公司对此不感兴趣，因此他就自己创办了 Paychex 公司。

Paychex 公司进入了竞争对手还没有准备进入且不想进入的领域。从那时起，Paychex 公司就开始稳定增长。根据 Paychex 公司网站的报道，在 2013 年，公司的收入超过了 23 亿美元。创建之初，Paychex 公司只有一名员工，而现在则拥有 1.2 万名员工，并为美国 50 万家中小企业提供服务。

第 6 章

客户与商业联盟的《孙子兵法》

不管企业是否愿意，它们都必须面对这样一个现实：随着因特网将我们连接在一起，公司变得越来越透明。在你还没有读完这句话的时候，对服务不满意的消费者或满腹牢骚的员工就可以将一次糟糕的体验分享给全世界。他们的故事，不管是真的还是假的，或半真半假，都会像野火一样通过社交网络飞快地传播。

好消息是，反过来也一样。在一家公司获得的极佳体验同样也可以立刻分享给数以百万计的人。

社交媒体为小企业提供了前所未有的力量，使它们能够更便捷地理解和吸引客户以及社区内的其他人。还有一些事情同样令人兴奋：如果你成立了一家小公司，并且希望与有影响力的人建立联系，那么他们会欣然接受——与同大企业建立联系相比，他们更愿意同小企业建立联系。这样，当你的公司变成一个大品牌后，你就可以继续保持活力，赢得人们的信任，同时获得丰厚的利润。Zappos 公司找到了利用社交媒体达到这一目的的方法。

我们已经讨论了孙子对“知己知彼”的忠告。在本章中，我们将孙子的观点扩展到联盟和利益相关者，包括客户。企业的战略考虑之一应该是最大化与客户、合作伙伴、供应商和其他有影响力的人之间的关系和价值。

孙子提到了利益相关者和有价值的资源，包括间谍、当地向导以及敌军中被打败的军队。他不需要应对满足客户需求等问题，但是我们需要。我们可以从《孙子兵法》中获得如何优化各种商业关系的见解。

客户

Salesforce网的CEO、《孙子兵法》狂热的学生马克·贝尼奥夫（Marc Benioff）曾经说过，所有成功的销售人员和营销者都信奉一个信条，即“坚持不懈地关注客户，并真正致力于他们的成功”。整个组织都必须遵循这一座右铭。

孙子要求其将领要“知己知彼”，而小企业更应该将孙子的这一要求扩展到深入理解客户并恪守对客户的承诺上。要求为客户提供杰出的服务是小企业与大型“无差别品牌”（Faceless Brands）进行竞争的最大的差异化因素。著名的品牌顾问和图书作者乔伊·卡洛威（Joe Calloway）对培养与客户的密切关系提出了三条法则，孙子同样会赞同这些法则：

1. 与其他人相比，更加理解客户。
2. 与其他人相比，与客户的距离更近。
3. 与其他人相比，与客户在情感上建立更紧密的联系。

这些法则都很简单，但它们将杰出的企业与其他普通企业区分开来。在应邀说出自己最喜欢的餐馆时，詹姆斯·比尔德（James Beard，比尔德美食大奖就是以他的名字命名的）将这三条法则作为最佳餐馆的条件。每一个关心培养杰出客户关系的人都应该听一听他的回答：“我最喜欢的餐馆是理解我的餐馆，他们像对待家人和朋友一样对待我。”

这种密切的关系十分重要。比尔德声称，如果一家餐馆最理解他，那么即使这家餐馆的食物不是最可口的，他仍然会喜欢到那里用餐，在那里消费。同理，酒店也是一样的。

小企业在充分理解其客户方面具有独特的能力。Atari 公司让其工程师参观测试地点，这一决定让这些开发人员与客户的距离更近了。这样做还使得游戏开发者能够得到游戏受欢迎程度的快速反馈。他们所要做的就是数一数游戏币的数量。他们可以对新游戏的市场进行检验，并预测其收入，向分销商提供销售前景等信息。

你是否尽你所能与你的客户保持密切的关系？你是否尽你所能去理解他们？

联盟

我们已经进入了联盟的时代。在大企业之间，战略联盟一直呈上升势头。管理大师彼得·德鲁克（Peter Drucker）曾经说过，我们正处在一个“全球重组”（Worldwide Restructuring）的时代，这体现为联盟和合作关系的建立。如果规模巨大的企业和其他资金充裕的企业正在争夺资源，那么小企业需要付出多少努力才能建立起紧密的联盟和关系？

有太多的人对战略联盟的理解过于狭窄。他们只是考虑潜在的合作伙伴在短期内能够为他们做些什么。如果不能有所得，那么他们就不会考虑这种机会。然而，小企业必须从战略的角度来思考与恰当的组织建立联盟，以获得对双方都有利的优势。小企业应该积极、认真地寻求建立联盟，包括与经销商和供应商、同类企业、战略合作伙伴、合资企业、投资者、卓越的顾问、同事和朋友建立联盟。成功的小企业必须从合作的角度进行思考，这在今天尤其重要。你拥有的资源越丰富，你的影响力就越大。

当梅格·惠特曼（Meg Whitman）还在eBay工作时，她就注意到了这种向合作联盟转变的趋势。在接受《金融时报》（*Financial Times*）采访时，她回忆道，在其职业生涯的早期，与竞争对手进行合作是被禁止的。孩之宝公司（Hasbro）从来没有与其竞争对手——全球最大的玩具生产商之一美泰公司（Mattel）合作过。宝洁公司（Procter & Gamble）也不会与高露洁公司（Colgate）进行合作。但是，她注意到，eBay公司与雅虎公司（Yahoo）的合作使这一切彻底改变了。同样，谷歌公司（Google）也是eBay的一个合作伙伴，同时也是竞争对手。联盟对于孙子来说十分重要，对于精明的小企业和军事领导人同样重要。破坏敌人的联盟也是一个值得考虑的目标：

“故上兵伐谋，其次伐交，其次伐兵，其下攻城。”

联盟有助于缩小差距

“远形者，势均，难以挑战，战而不利。”

尽管这段文字讲的是势均力敌的对手，但它对小企业也很重要。如果你需要经过艰苦的努力才能赢得一个行业中的客户群，那么你就会处于劣势。如何才能更轻松地赢得竞争的胜利并弥补这种差距？孙子告诉我们，应该与更强大的对手建立良好的关系，而不是与实力相当的对手建立这种关系。与认真挑选的盟友建立联盟有助于弥补你的小企业与你试图击溃的大企业之间的差距。

建立联盟时要慎重

在没有制订详细的业务协定时，不能仓促地开展合作。对于加入联盟我们也不能掉以轻心。孙子要求我们要深入了解潜在的合作伙伴：

“是故不知诸侯之谋者，不能豫交。”

加入联盟之前需要进行全面调查，以防出现利益冲突而损害你的声誉和底线。小企业很容易成为“尽可能多地加入战略联盟”这一陷阱的牺牲品，而实际上有些小企业从来没有真正理解如何最好地利用这些合作关系。在令大多数人感到懊恼的网络泡沫破灭时，我曾经与一家电信领域的公司协作。这家资金充裕的公司与很多企业签署了战略联盟协议，但除了收藏了很多纸面上的签名之外，它从来没有真正与这些“合作伙伴”做过任何具体的事情。由于无法实现大量的销售，这家公司出现了资金短缺的情况，并关闭了一些店面。其合作伙伴或者不知道如何促销这家电信服务提供商的产品，或者缺乏相应的激励，或者两者兼而有之。

孙子写到，明智的将领“不争天下之交”。如果联盟不能为各方带来更多的收入，那很可能是在浪费时间。

相反，明智的企业领导者会与其所有的合作伙伴制定明确的目标。其中一个目标是更好地理解新的领域：

“不用乡导者，不能得地利。”

在试图理解“诸侯之谋”时，你应该如何利用“乡导”？如果你正在进入一个新的市场或地区，那么你就需要一名比你更了解其中局势的向导，这个“向导”可以是你的员工，也可以是顾问。这种咨询的模式对于许多小企业是非常有效的，但是，从本质上说，顾问缺乏忠诚度，其既得利益也低于员工。不论你拥有多少资源，但如果你和竞争对手使用相同的本地向导，那么你真的能胜过他们吗？

案例

波本威士忌产业

对于《孙子兵法》中“衢地合交”这一方针，我最欣赏的例子之一是波本威士忌产业。在我和我的丈夫参加 Kentucky Bourbon Trail（肯塔基波本威士忌之旅，由肯塔基酿酒商协会举办的旨在促进该州波本威士忌产业的项目——译者注）时，我们被不同酿酒商之间的团体精神（Spirit of Community）深深地打动了。波本威士忌之旅突出了八家主要的酿酒商，后来又增加了 Craft Tour（手工酿造之旅），以突出较小的波本威士忌生产商。没有人会对其他酿酒商出言不逊，但是如果你穿着 Maker's Mark 的 T 恤衫走进 Buffalo Trace 酿酒厂，会有人善意地提醒你，你对此也要有所准备。

近年来，波本威士忌一直大受欢迎。参观酿酒厂的人络绎不绝，他们或者是参加了肯塔基波本威士忌之旅，或者是自行而来。2012 年，有 50 多万人参观了位于肯塔基的一家或多家酿酒厂，该州生产的波本威士忌占全美波本威士忌产量的95%。2012年，波本威士忌的零售额达到了45亿美元。

肯塔基波本威士忌的家族传统深深根植于富含石灰质的肯塔基河。吉姆·比姆（Jim Beam）家族（占边波本威士忌的生产者——译者注）与该州的主要酿酒厂几乎都有联系。这一家族与波本威士忌酒的酿造长达数代人的联系对蕴含在威士忌酒中的精神产生了很大的影响。

在波本威士忌成长为一个数十亿美元的产业之前，它也曾经历过艰难的时期。从20世纪70年代初起，这一产业开始下滑，因为饮酒者都喜欢更加中性的杜松子酒和伏特加酒。1984年，著名的酿酒大师埃尔默·李（Elmer T. Lee）生产出了第一批Blanton's Single Barrel。他没有什么可失去的，但正如一群波本威士忌的狂热爱好者对你所说的，我们则可以获得很多。Buffalo Trace（已故的埃尔默·李在这里获得了酿酒大师的称号）将这种优质波本威士忌的价格定在每瓶30美元的水平，这一价格比当时其他波本威士忌的平均价格高了两到三倍。

慢慢地，Blanton's Single Barrel培养出了忠诚的消费者。今天，许多肯塔基的酿酒商都提供高档产品。他们要感谢埃尔默·李。他的创新缔造了一个转折点，确立了优质波本威士忌大规模扩张的路径。同时，优质波本威士忌的推出也满足了市场的需求。

波本威士忌生产商之间建立这些牢固联盟的原因，可以被认为是几代生产商间的家族纽带造成的，以及出于防范一些共同风险的要求，如防止因税收和贸易壁垒对其利益造成伤害。或许，它们都将杜松子酒、伏特加酒和其他酒类看成是竞争对手，需要联合起来进行竞争。

为你的小企业建立联盟

下面我们将列举一些建立联盟的实用技巧，并提供一些实例，你可以据此为你的小企业建立联盟。

营销战略家和图书作者杰·亚布拉罕（Jay Abraham）建议分享资源。如果你需要一支销售队伍，但你的公司很年轻，或者正在苦苦挣扎，没有多余的资金聘用这样一个团队，那么你可以在你的领域中寻找一个合作伙伴，这个伙伴应该拥有未被充分利用的销售队伍，且与你没有竞争关系，你可以与这个合作伙伴建立一家合资企业，并分享利润。如果你需要一座仓库，则可以找到一家拥有额外仓储空间或配送能力的企业，与它建立合资企业，以共同成长。

尽管易货交易经常受到怀疑，但这种方式对于你的企业来说也是有利的。毕竟大家是为了赚钱，而不是要打破平衡，对不对？别着急。想一想亚伯拉罕的经历。他曾经与排名第三位的旅游市场杂志出版商合作，当时这家杂志正在想尽一切办法销售广告。有些企业向他提出要以货易货，但他拒绝了。然而，亚布拉罕及其团队以一半的价格兑现了这些易货交易。这一价格相当于广告成本的 5 倍。杂志能够以每页的广告空间换取价值 1 万美元的商品或服务，而企业则很愿意以半价做广告。

嘉年华邮轮公司（Carnival Cruise Lines）也是通过易货交易取得成功的。这家公司用电台、电视台和报纸广告来交换游轮的客舱，而如果不这样做，这些客舱就会是空的。它获得的回报是在 10 多年的时间里在上百个城市中连续做广告。另外，这些媒体的乘客在酒吧、赌场和礼品店中的花费也很高。据亚伯拉罕的保守估计，销售额达到了数亿美元。邮轮公司的所有者成了亿万富翁，并一度登上了福布斯美国富人排行榜。这就是以货易货的力量！这需要远见和创造力，而这样做可以带来巨大的回报。

经营你的网络

你的成功最终取决于你的关系网。如果你不走出去同潜在的客户和业内专家进行交谈，那么你就会丧失无数的机会。思考一下你应该如何建立一个强大的网络吧。

Pete's Greens 是一家位于佛蒙特州克拉夫斯巴利（Craftsbury）的注册有机四季蔬菜农场。公司的总裁皮特·约翰逊（Pete Johnson）会定期参加一个企业主小组的百乐餐会（potluck，每人自带一个菜的家庭聚会——译者注）。在每次会议上，他们都会对困扰其中一位成员的问题进行讨论。这是一种解决问题并建立网络的创新方式。

案例

eBay 公司

在 eBay 担任首席执行官时，梅格·惠特曼的核心战略是建立联盟。在《女性孙子兵法》一书中，我曾经记述了惠特曼在建立伙伴关系和联盟方面无与伦比的能力。她深入 eBay 的渠道合作伙伴之中，学习公司应该如何强化其业务，这被认为是这家在线拍卖公司成功背后的驱动因素。她被称为“首席执行官的推动者”(Chief Executive Enabler)，是因为她打造了杰出的团队，在讲述孙子关于客户、员工和联盟的观点时，惠特曼是一个很好的例子。在她于 1998 年加入 eBay 时，公司只有 30 名员工，年收入约为 400 万美元。10 年后，她离开了这家已经上市的全球性巨型企业，当时 eBay 的年收入达到了 80 亿美元。现在，她如何将过去的业绩转化为惠普公司的渠道伙伴战略仍然有待观察。

Dennis 出版公司

惠普公司拥有丰富的资源。但是，当我考虑资源极其有限的创业者应当如何利用他们的智慧建立伙伴关系和联盟以实现飞跃时，我就会想到菲利克斯·丹尼斯（Felix Dennis）。他拥有 Dennis 出版公司和 50 多种杂志、网站及移动网站。他建立了一个 8 亿美元的出版帝国，并且是英格兰最富有的人之一。

但是，在 1972 年的时候，丹尼斯除了想法之外一无所有。其成功之初背后的故事完美地诠释了伙伴关系的威力。他有说服力，有同情心，不可动摇。丹尼斯试图创办一家漫画图书公司。他用不多的钱聘请好朋友迪克·鲍腾（Dick Pountain）作为联合总裁和生产经理。他们找到了一个不太满意但可以使用的办公地点，这个地方以前的居住者包括声名狼藉的重金属传奇人物——Mot · rhead 乐队的莱米 · 基尔米斯特（Lemmy Kilmister），并曾经是一个小狗繁育基地。他说服一位名叫伯尼 · 西蒙斯（Bernie Simons）的年轻律师协助他注册自己的有限责任公司。他向西蒙斯支付少得可怜的酬金。丹尼斯说，他在开立公司账户时，一位银行经理差点笑掉大牙。尽管丹尼斯没钱支付佣金，但他认识的一位杂志分销商还是同意销售他的第一种出版物。至于内容，他和迪克知道画家们不会要求预付款。

印刷费用很高，这是一个难以逾越的障碍。丹尼斯说服了一位印刷商为他提供机器、时间和纸张以印刷漫画书，并将成本大幅削减至几千美元。但是，印刷商需要一些担保。丹尼斯说服（又是"说服"）了其潜在漫画书分销商的所有者给印刷商写下担保，承诺会付款。他们知道不可能提供一份法律担保，但他们使它看起来很有说服力。与他签约的分销商在业内具有很大的影响力。于是，印刷商同意了他们的要求。

第一期 Cozmic Comics 几乎没有赚到一分钱，但它为更多的出版尝试提供了一个框架。在两年内，丹尼斯拥有的财富按今天的标准计算达到了大约 8 亿美元。他能够向他的印刷商、分销商、设计人员、房东、律师、迪克——还有他自己——支付报酬了，因为他对公司保留了完全的控制权。在公司成立之初的几个月里帮助过他的人都发挥了巨大的作用。丹尼斯承认，没有他们，他将一事无成。

丹尼斯的忠告是：愿意帮助你的人多得让你感到吃惊。曾经帮助过他的人都受到了很好的关照，从那位年轻的律师（他后来成立了自己的律师事务所，并在他的整个职业生涯中代表丹尼斯打官司），到印刷商（他继续为丹尼斯提供印刷服务，至少到他出自传的那一天）。他们最终获得了不错的回报。

丹尼斯的故事还说明了《孙子兵法》中对小企业非常有用的另一个原则：掠于饶野，三军足食。漫画书的第一次印刷就像是一次快速、突然的袭击或攻击，它为正在成长的公司提供了继续前进所需的最低限度的保障。从那时起，公司不断成长。就像孙子和丹尼斯所说的，即使是在展望如何打造自己的帝国时，也不要忘了让别人吃饱饭。

被打败的敌人就是新的盟友

孙子告诉我们，应该对缴获战车的人给予奖赏（参见第3章），他随后继续说道：

“……更其旌旗。车杂而乘之，卒善而养之……”

在此，孙子的意思是要人道地对待战俘，这一忠告出自一位职业军人之口可能会让一些人感到惊讶。但是，考虑一下这一建议对企业有多么重要。我们都遇到过无路可退的情况。我们可能会成为敌人打击的目标，或者受到围困，从而有可能成为俘虏。不管怎样，虐待俘虏就是在给自己树敌。除了短时间内的自我发泄外，虐待他们能够带来什么好处呢？

复仇可能能够在短期内让人感到刺激，但是，如果你终生都在同一个行业或同一座城市（即使这座城市很大）中工作，那么你就要小心了。你烧断的桥梁有朝一日会成为你自己的绝路。这是一个残酷的世界。小企业领导者需要尽可能多地交朋友。

当你接管或收购了竞争对手时，考虑一下应该如何对待这些新员工。有时候，“大屠杀”会随之而来。但要记住，这些人可能会成为智力资产和非正式信息的来源。想一想，正确对待顶尖人才会为你的企业带来多大的利益，而如果他们投靠你的竞争对手会对你的企业造成多大的损失。

对于做得不太好的竞争对手，可以考虑友好地接管。你可以接收它们的客户，并让竞争对手保住脸面。这对于企业的成长来说是一种成本较低、影响较大的方式。

供应商与分销商

小企业应该使自己与供应商和分销商关系的价值最大化。这些关系常常得不到重视，或者没有被充分利用。对于小企业来说，现金流为王。必要的时候，与这些合作伙伴进行创造性的协作将有助于保持现金流的充足。同样，你对他们的了解越深刻，你就越能够利用他们去牵制其他对手，从而使自己的收益最大化。但是，不要辱骂或欺骗他们。供应商拥有重要的竞争信息和市场信息。真诚地对待他们，让他们信任你。在与关键供应商和分销商一起吃午餐或喝酒的时候要特别留意，以便挖掘出一些信息。

谦逊是小企业领导者的一种特质。电子游戏的创新者 Atari 公司在成长之初就曾遇到过严重的现金流问题，当时公司仍然在打造自己的吸引力。公司的联合创始人诺兰·布什内尔（Nolan Bushnell）别无选择。他转向了他所谓的“求助社区”（A Community of Help）。他去求助微处理器生产商 AMD 公司。他欠这家部件供应商的货款已经超过了 90 天，但他告诉他们，自己需要更多的部件。他解释说，一旦 Atari 公司能够顺利渡过即将到来的难关，他就可以支付所有部件的费用。AMD 公司同意了，因为这巩固了双方的关系，将带来更多的微处理器订单。对于 Atari 公司来说，这一结果也是有利的。他们卖出了数以百万计的游戏机和计算机，并成为当时美国有史以来成长最快的公司。

在你需要帮助的时候，你甚至可以考虑你的客户。Priceline 公司的创始人和前 CEO 杰夫·霍夫曼（Jeff Hoffman）建议，当你感到进退两难甚至感到绝望时，你可以求助于你的客户。告诉他们，你想要做某件事或生产某种产品，解释一下这将为他们带来哪些好处，并告诉他们如何帮助你。但是，这种方法发挥作用的前提是：你必须与客户建立良好的关系，而他们必须信任你。

对于孙子来说，领导者的动机和特质是非常宝贵的，我们将在下一章全面讨论这一问题。最优秀的领导者会为帮助他们取得成功的人（从员工、客户到各类合作伙伴）谋求最大的利益。

第三部分

战场的原则

这一部分中的4个章节要求我们对《孙子兵法》有更深入的理解。这些章节集中讨论了成功的小企业领导者和从业者必备的特质，从而使你能够牢记《孙子兵法》的众多原则并应用它们。在掌握了这些原则后，你对小企业应用《孙子兵法》的理解会更上一层楼。

第 7 章

领导者的素质

人们有充分的理由在领导力的背景下研究《孙子兵法》。孙子要求其将领拥有勇敢、果断、高瞻远瞩、纪律严明、有效管理资源、对军队保持敏感等特质。而正如我们在上一章中看到的，这些特质还可以扩展到善待战败的对手。孙子并不仅仅关注眼前战役的胜负。和你一样，他更关心总体战争的胜利。

面对各种挑战（如无法巩固收入、丧失焦点、属下的分裂以及对资源的不当管理等），许多小企业屈服于困难，而对于那些试图战胜这些挑战的领导者，孙子提出了很多建议。只有在强有力的领导者带领下，小企业才能够执行其总体战略。

“将”是军队的领导者。它还可以指一些公职人员，如国内统治者或区域首脑。孙子所说的“将”既是国内的统治者，也是军事指挥官，大致相当于罗马帝国的地方总督（proconsul）。“将”是一个很宽泛的概念。孙子说，“将”有“五德”：

“将者，智、信、仁、勇、严也。”

我们将根据这“五德”来分析孙子的观点。

五德之一：智

孙子对领导者“智”的论述十分全面，且意义重大。你遵循如下这些原则了吗？

最大化资源

“故善用兵者，屈人之兵而非战也，拔人之城而非攻也，毁人之国而非久也。”

明智的将领期望不战而胜。这是《孙子兵法》中一个重要的主题，而《孙子兵法》是一部论述军事战略的著作，因此“不战而胜”的观点可能与我们对这部著作先入为主的观念相悖。如何才能做到不战而胜？答案就是最大限度地利用组织内的资源来战胜准备更充足的对手。如果可能的话，你可以收购竞争对手。你可以创造性地接管其客户，而不必经过一场混战。你可以利用更好的供应商，并与他们签订排他性协议。找到将产品推向市场的更好的、成本更低的方式。聘用更优秀的人才，并设法留住他们。培养在受到对手诱惑后不会离你而去的忠诚客户。

你应该努力选择与《孙子兵法》原则相一致的战略，最大限度地利用小企业的有限资源。现在，小企业能够充分利用低成本的广告和营销手段，而这种优势是以前无法企及的，明智地利用这些营销手段能够为企业的投资带来丰厚的回报。社交媒体对于消费者的购买决策具有深远的影响。与所有的努力一样，如果你想要利用这些资源，那么就要保证将它们整合到你的总体战略规划中，从而使所有的资源都集中于一点上。

同样，在最大限度利用有限资源方面，不要犯下面这种常见的错误：对获得新客户过度着迷，从而忽视了充分利用当前及过去客户的重要性。这种代价高昂的、愚蠢的错误十分常见，它会使小企业丧失它们已经赢得的竞争力，希望赢得所有客户的小企业无力承担这种错误造成的损失。

明智地使用资源是非常重要的：

“故曰：明主虑之，良将修之……”

明智的领导者不会用自己弱小的力量与强大的敌人展开面对面的对抗：

“将不能料敌，以少合众，以弱击强，兵无选锋，曰北。”

提供正确的资源

小企业的员工必须最大限度地利用其有限的资源。大型企业拥有更先进的企业软件工具和其他基础设施。尽管规模很小，但小企业的领导者也必须为他的团队提供必要的资源，哪怕是用物美价廉但有些笨重的小型货车来代替耀眼的新型跑车。当员工告诉领导者自己需要什么时，领导者应该倾听。孙子说，“君之所以患于军者三”，其中之一就是：

“不知军之不可以进而谓之进，不知军之不可以退而谓之退，是谓縻军。”

为了完成领导者安排的任务，你的企业必须拥有必要的资源。

制订高深莫测的计划

我们在第3章中讲述了孙子关于如何对待员工的忠告。强大的领导者会明智地使用手中的资源，以确保他的员工不会被迫去完成一些超出其控制范围的任务。相反，他会积蓄力量，以使这些资源得到最有效的利用。这样，他就能够制订出变幻莫测的计划：

“谨养而勿劳，并气积力；运兵计谋，为不可测。”

利用经验

智慧来自于经验：

“故不尽知用兵之害者，则不能尽知用兵之利也。”

当然，孙子的“将”经验丰富。如果你在自己所处的领域中不是一位资深人士，或者正在进入一个不熟悉的领域，那么最好的解决方案就是与有经验的专家进行合作。

有了经验，你就会拥有自己的远见。在经营中，你遇到的局面越艰难，你就越能够进行充分的调整并适应下一个挑战。

克服坏脾气

自负或骄傲永远都是战场上的大忌。将领不能因战局的变化而丧失自己的冷静：

“将不胜其忿而蚁附之，杀士卒三分之一，而城不拔者，此攻之灾也。”

“怒可以复喜，愠可以复悦，亡国不可以复存，死者不可以复生。”

明智的领导者知道他们的决策带来的结果，并且会采取相应的行动。其他一些情绪对将领来说也十分危险，我们将在“五德之五：严”中进行讨论。

要有足够的耐心

尽管接受了命令并能够以闪电般的速度到达目的地，但将领们也需要拥有等待最佳时机击败敌人的智慧：

“上雨水，水流至，欲涉者，待其定也。”

五德之二：信

领导他人是一件需要认真对待的事情，实际上：

“故知兵之将，民之司命，国家安危之主也。”

保持一致

真诚的领导者能够保持一致性。在制定决策和确定事情的轻重缓急时瞻前顾后会令下属产生疑虑，而这种情况在正在成长的企业中十分普遍。履行你的诺言是“信”的一种表现。有些领导者忽视了兑现其承诺、践行其诺言的重要性。

当杰里·默雷尔创办 Five Guys 汉堡连锁店时，他还拥有一份全日制的工作。由于无法从金融机构获得贷款，他去求助 100 位朋友和熟人，并请求他们每人借给他 1 万至 3 万美元。作为交换条件，他们将获得高利息，以及默雷尔每个月都会准时向他们支付利息的承诺。诸如此类的细节对于你的小企业来说十分重要，对你的朋友们也很重要。

关于始终如一和遵守诺言，ILM 公司（一家从事数据输入、扫描、建立索引、文档管理和文书服务的小企业）的总裁詹森·科恩（Jason Cohen）说：“你的母亲会告诫你，当你告诉其他人你想做一件事情的时候，你就要去做。”他说，这一规则适用于员工、经销商、客户和潜在客户。永远都不要食言。

用一个目标将下属团结起来

军队永远都不应该质疑其领导者的信念。相反，他们必须团结在领导者的目标周围。对于孙子来说，将军队团结起来的方法之一就是“置之死地”：

> “投之无所往，死且不北。死焉不得，士人尽力。”

在第 10 章中，我们将进一步探讨孙子对于团结的忠告。

理解“信”的悖论

孙子对“信”的论述粗看之下似乎有些矛盾：

> “能愚士卒之耳目，使之无知。”

这句话令人质疑，甚至感到不快。它来自《孙子兵法·九地第十一》中的一节，这一节指出，要不断变更作战行动和作战计划，使敌人无法掌握你的下一步行动，同时也让下属无法理解将领的真实意图。通过让士兵“无知”，他们就不必面对领导者所面临的特定问题和复杂的环境。但是，这也是一种善意之举，因为这使得他们可以专注于自己的角色，对于命令的执行是非常重要的。想一想，如果你的下属能够摆脱沉重的负担，那么对他们提高效率会有多大的帮助。将下属与那些需要他们操心、只会让他们感到迷惑、对他们造成干扰或打击其士气的事情隔离开来是有益的。

黄博士解释道，现代人对这句话的理解存在着偏差。他认为，这句话的意思不是“愚弄”他们，而是要根据行动进行充分的调整。

尽管 Guidewire 软件公司的 CEO 马库斯·鲁（Marcus Ryu）没有建议欺骗他的下属，但他对沟通方式的说明解释了孙子这句话的含义。他在接受《纽约时报》（*New York Times*）的采访时说，当你与一大群人进行沟通时，即使你十分机智，也会感到紧张，说话时会结结巴巴。他说，面对大批听众，你传达的信息应该简明扼要。

五德之三：仁

孙子并非好战者，他要求其将领要坚持正义：

“将军之事，静以幽，正以治。”

孙子认为，“仁”同样对“将”有利，他要求善待被俘的士兵：

“……卒善而养之，是谓胜敌而益强。”

同样，竞争对手的员工，不管是过去的还是现在的，对你来说都有某些价值。

在第一线战斗并赢得胜利的人必须得到奖励：

“故杀敌者，怒也；取敌之利者，货也。”

孙子强调“严”，但请注意，在下面这段文字中，纪律中也包含着人性化。领导者应该记住这一忠告：

“故合之以文，齐之以武，是谓必取。”

检查你的动机

孙子承认，战争是一种代价高昂的行为。仁爱的将领考虑的应该更加周全：

“……爱爵禄百金，不知敌之情者，不仁之至也……”

领导者应该毫不吝惜地赏赐间谍人员，否则就会妨碍其对敌情的观察。正如你在第 14 章中将要看到的，使用间谍也不应出于个人的贪婪，而应该是为了推进军队战略目标的实现。

五德之四：勇

强大的领导者拥有足够的勇气确立企业的目标，并让他的下属专注于这一目标。他们能够充分利用其团队的力量取得决定性的胜利。

最大化“势”

正如前面所讨论的，对于小企业的成功来说，最大限度地利用自己的资源并为团队提供必要的工具、流程和基础设施是十分必要的。孙子进一步扩展了这一观点，他认为，卓越的将领应该最大化其队伍的“势”，即能量。对于这一重要的观点，孙子说：

“故善战者，求之于势，不责于人，故能择人而任势。”

时机和果断性对于最大化“势”来说非常重要：

“势如彍（犷）弩，节如发机。”

对于领导者来说，问题是：你应该如何拉开弓（即制定有效的决策)，并在恰当的时间扣动扳机呢?

能够发挥决定性作用的决策可以使你在更短的时间内获得成功，这对于需要高效利用其资源的小企业来说十分重要:

“故兵贵胜，不贵久。”

在制定和实施决策时，成功的领导者通常会提出下面的问题：这一行动会推动目标的实现吗？如果是，那是如何推动的？它会为我们赚钱吗？如果一项活动与成功无关，那么领导者就不应该从事这种活动。他利用统一的目标将所有人团结在一起:

“民既专一，则勇者不得独进，怯者不得独退，此用众之法也。”

五德之五：严

对于军队赖以制胜的纪律，孙子进行了很多论述。掌控大规模的军队需要统一的军令，指挥小规模的军队同样如此。

层级和结构

层级和结构是“严”的基本要素。

“法者，曲制、官道、主用也。”

指挥大军团也是如此。

“凡治众如治寡，分数是也。”

下面这段文字明确说明了层级和一致性的重要性：

“将弱不严，教道不明，吏卒无常，陈兵纵横，曰乱。”

这也告诉我们，如果希望军队以一种可预测的、有效的方式执行命令，那就要重视命令的一致性和清晰性：

“令素行以教其民，则民服；令素不行以教其民，则民不服。”

如果小企业希望利用其竞争优势，那么领导者的命令和角色就必须明确。但是，领导者不应该将开放性、透明性和合作与无效率的扁平式结构（这种结构会造成决策缓慢，指挥系统脆弱、不清晰）混为一谈。

“将”有“五危”

孙子告诉我们，有五种危险的错误会阻碍将领取胜：

“故将有五危：必死可杀，必生可虏，忿速可侮，廉洁可辱，爱民可烦。凡此五者，将之过也，用兵之灾也。”

在战场上，你希望敌将有勇无谋，但如果你十分鲁莽，那你也会犯同样的错误。如果你临阵退缩，那么优秀的人才就不会信任你、与你合作或为你工作。脾气暴躁会让你判断失误，并根据错误的判断发动战争。过度爱惜自己的羽毛也会令你以错误的动机发动不合时宜的冲锋。

过分在意同事的意见会使你优柔寡断，影响你的领导力。

战争是血腥的，孙子清楚地认识到了开明的君主和将领在其中的作用。下面这段文字是《孙子兵法·火攻第十二》中的最后一句话，传递出了孙子对于战争的看法：

“故明主慎之，良将警之，此安国全军之道也。”

下面这句话或许是孙子认为将领应有的最重要的特质，我们以此作为本章的结束语：

“故进不求名，退不避罪，唯民是保，而利于主，国之宝也。”

第 8 章

坚持不懈

创业者都知道失败意味着什么。而胜利者是那些坚持打赢下一场战斗的人。小企业的领导者必须直面众多的挑战，并战胜它们。当然，坚持不懈是区分成功的小企业管理者与其他人的主要因素。这也是孙子兵法的一部分。

孙子认为，如果拥有百折不挠的精神，那么即使是处于最不利地位的军队也能取得胜利。他指导我们将劣势转化为优势，并且不错过任何击败敌人的机会。当困难来临时，小企业没有资源等待情况好转，它们必须迅速采取行动。

自从创业者第一次下定决心建立自己的企业开始，坚持不懈就成了他们的口号。近几十年来关于成功的文献都谈到了坚持不懈，所有关于《孙子兵法》或成功小企业的研究无不如此。

ISHPI 公司（一家从事网络安全和防御的信息技术公司）的总裁兼 CEO 诺亚·托马斯·李斯克（Noah Thomas Leask）这样说道："不要低估成功所需要的努力、坚持与纪律。这些因素怎么强调都不为过。你肯定会遇到一些问题，而你必须在心理上、身体上和精神上为解决这些问题做好准备。如果你开办一家公司是为了致富和减少工作时间，那么你就走错了路。你应该致力于享受这一旅程，而不要考虑目的地。渴望财富的人永远也得不到它。"

李斯克的描述与上一章引述的孙子的"国之宝"类似。

敏锐地把握优势

下面是《孙子兵法》中我最喜欢的语句，我相信所有小企业管理者也都会牢记在心中：

“杂于害而患可解也。”

我们应该准备好反败为胜，并为突如其来的灾难做好准备。在小企业工作的人都知道什么是逆境。他们习惯了应对不利局面。但除此之外，你还需要对意外情况做好准备，以使你的团队能够将劣势转化为优势。想一想经济困难时期，我们就能更好地理解这一原则了。为了摆脱困境，你的竞争对手可能会抄近路、以长期利润为代价而追求短期收益、制定草率且保守的决策、忽视总体情况。你如何利用这一局面，使其成为你的优势？

营销专家和图书作者杰·亚伯拉罕认为，在市场萧条时期，时刻准备把握机会的、以战略为导向的公司会从其竞争对手处赢得 15% ~ 20% 的买家。而通过采取注重增长的战略，这些企业能够赢得市场中绝大多数的新客户——包括那些以前对其产品或服务没有需求的客户。他解释道，如果你的定位是利用逆境，如经济下滑，那么你就可以吸引市场中所有的新买方。再加上习惯于从竞争对手处抢的 15% ~20% 最好的、最有利可图的、重复购买最频繁的购买者，你就可以使你的成就提高 1 倍，即使是在景气的市场中也是如此。

但是，要想为把握机会做好准备，你需要注意几件事。它需要勇气、不屈不挠的意志和远见，在遇到问题时你应该主动出击，而不是成为它的牺牲品。在进行自我防卫训练以及观察别人训练时，我意识到可以把人们分成两类。一类是新手，另一类是经过大量训练的老手，他们甚至已经取得了段位。第一类人没有意识到他们有可能成为攻击或袭击的真正牺牲品，在遭受攻击时，他们将全然没有防备。如果在出其不意的情况下被打败，那么这个人将会变得更加顺从。第二类人是那些将生活和训练融为一体的人——因为他们相信袭击随时可能发生。他们认为某个人会在某个地方使他们成为一次暴力犯罪的牺牲品，但他们不愿意接受这个结果。

随时防范可能遭受的攻击并时刻准备赢得胜利的人是不会被打败的。对于小企业领导者来说也是如此。如果你理解了你所面对的威胁，并时刻准备战胜它们，那么你就能够应对这些威胁。如果你时刻准备着将劣势转化为优势，那么你就能够保护你的组织免受灾难之害。

准备工作之一就是占据有利地形，使敌人无从攻击。敌人肯定会来，但你有恃无恐：

“故用兵之法，无恃其不来，恃吾有以待之；无恃其不攻，恃吾有所不可攻也。”

孙子告诉我们，逆境也可以成为一种正面的力量，不仅有利于你坚持下去，而且有利于你取得胜利。对于劣势的战略价值，我们应该牢记孙子的忠告：

“夫众陷于害，然后能为胜败。”

保持高昂的斗志

如果你能够激发并保持组织的斗志，那么你就是在为发动“制胜一击”创造必要的条件。对逆境的常见反应是分裂与不和，这会导致士气低落。在这些时候，领导者旺盛的斗志就显得非常重要。如果团队受到鼓舞，认为自己的拼搏是值得的，而且胜利指日可待，那么他们就能够战胜看起来无法逾越的挑战：

“三军既惑且疑，则诸侯之难至矣，是谓乱军引胜。”

焦躁、怀疑和其他类型的负面情绪必须被克服，否则它们就会像疾病一样在小企业中迅速传播。即使是面对逆境，强大的领导者也会创造出一种积极的、成功的文化，人们相信在他们的领导下，企业能够走向胜利。

2001 年，在技术危机和“9·11”恐怖袭击发生之后，Guidewire 软件公司的 CEO 马库斯·鲁与他人共同成立了一家保险业软件公司。他承认，在这样的时候成立这样一家公司非常不合时宜。正因为如此，其创办的初衷是利用这一逆境和困难。他对《纽约时报》说，Guidewire 软件公司的员工们就是要进一步证明他们有能力为客户解决难题。今天，Guidewire 软件公司已经成为一家在纽约证券交易所上市的企业。

马库斯·鲁说，“对未来保持乐观”是团队希望而且需要从其领导者口中听到的话之一。他们需要诚实相待，但同样需要对未来抱有希望，比如领导者可以给他们发一条信息：“我在你的前面。我会始终和你们在一起。我们面临着一些挑战。我们和对手势均力敌。”

尽管处于困境之中，但推动团队走向成功的领导者知道，他应该发出这样的信息，不是一次或两次，而是应该持续不断地发出。

知道何时应该战斗

敏锐地发现何时应该战斗，何时应该退出战场以等待更有利的时机是《孙子兵法》的精髓所在。有时候必须展开战斗（如处于死地和围地），而在其他时候，则要视你的实力而定。

处于死地之中时，你必须立即采取行动。要记住：

> “疾战则存，不疾战则亡者，为死地。”

菲力克斯·丹尼斯总结了与齐夫·戴维斯的竞争中取得的“胜利”以及由此导致的残酷争夺（如第2章所述）。他说：“我对竞争的建议是：永远都不要丧失斗志，而且应该在更强大的竞争对手的地盘上作战。但是，如果他急于收购你，并决心把他的坦克停在你的草坪上，那或许你应该妥协。当然价格要合理。”

对于较小的竞争对手，丹尼斯建议：“如果你的竞争对手实力较弱，那就尝试着聘用他，或者收购他，或者与他联合。如果他不愿意让步，那就采取迅猛的行动打垮他。如果这样做无效，那就要学会和他交朋友，以共同对抗‘猛犸象’。但是，不要与‘老虎’开战。如果你想变得富有，就不要这样做。”

对于何时参战、何时放弃，孙子为我们提供了试金石。对于小企业领导者来说，这也是一条真正的戒律：

“非利不动，非得不用，非危不战。”

从上面这段文字中，我们可以看到优秀的将领判断何时参战最有利的最高境界。下面这段文字告诉我们在面临不利局面时该如何做：

“我不欲战，虽画地而守之，敌不得与我战者，乖其所之也。”

案例

Dyson 公司

在访问西欧时，伦敦、巴黎和意大利洗手间里强大、高效的干手器给我留下了深刻的印象。实际上，这些东西让我难忘。多年来，我一直奇怪为什么没有人能够发明出在合理的时间内将客人的手吹干的技术。由于我不愿意接触卫生间的门把手，因此经常不得不使用不太卫生的毛巾。你可以想象得到，当我发现戴森发明的 Airblade 干手器时，我有多么高兴。这种没有外部叶片的干手器只需要 10 秒钟而不是 40 秒钟就可以把手吹干，而用电量只相当于普通干手器的 1/4。毕竟速度很重要。正如杰里·宋飞（Jerry Seinfeld）在数十年前嘲讽男士洗手间的干手器时所说的：“我不得不说，我喜欢这个干手器。

用它吹干手花的时间稍微长了一点儿，但我觉得，在一个充满令人作呕的臭气的房间里，你一定希望尽可能多待上一段时间。”

大多数创业者都拥有战胜逆境的故事，这些故事引人入胜。但是，詹姆斯·戴森爵士的故事更像是一位发明家取得巨大成功的故事。在经过5126次尝试和15年的实践之后，他最终开发出了可用于销售的真空吸尘器产品。这为他带来了巨大的回报，今天，他已经成为英格兰最富有的人之一，而戴森公司在美国生产出了最畅销的（根据收入衡量）真空吸尘器。

但是，与大多数发明者一样，成功并非必然的结果。为了开发出无集尘袋、透明的吸尘器，戴森几乎花光了他所有的储蓄。除了债务、挫折以及那些试图凭借专业知识来否定其想法的“枯燥乏味”的、好斗的专家们之外，成功的代价还包括法律诉讼。

戴森对失败持乐观态度，并且认为应该加倍庆祝。小企业创业者需要能够应对批评，他们必须天生具有谦逊、好奇、果断以及愿意尝试和接受失败的特质。他告诉《创业者》（*Entrepreneur*）杂志：“如果你希望做一些与众不同的事，那么你就会遇到很多唱反调的人。”世界各地的创新者会完全同意他的观点。

在戴森公司取得成功后，竞争对手随之而来，其他大型生产企业也开始销售它们自己的气旋真空吸尘器（Cyclonic Vacuum Cleaner）。戴森以专利侵权为名起诉了竞争对手，包括Hoover公司。在起诉Hoover公司案中，公司赢得了600多万美元。通过这种方式，以及持续不断的创新，戴森公司令对手在竞争市场中疲于奔命。

Priceline 公司

Priceline 公司拥有最不幸的、误入歧途的网络公司所具备的所有特征。这家公司于 1998 年上线，当时，类似的网络公司如雨后春笋，其中有一些是我的客户，它们的钱来得都很容易，但去得也快。你可能还记得当初 Priceline 公司为机票提供的“由你定价”（Name Your Own Price）的服务。在远没有赢利的情况下，这家网络公司就开始向加油站、杂货店、保险、抵押贷款、长途电话服务和新车销售领域扩张。由于这些新的努力大部分都失败了，Priceline 公司在 1999 年亏损了 11 亿美元，而在 2000 年，其股票价格更是从每股 974 美元下降到 7 美元。

但是，Priceline 公司的旅程并没有就此结束。转折发生在 2002 年，当时杰弗里·博伊德（Jeffery Boyd）从总顾问被提拔为 CEO。他带领 Priceline 公司走出了困境，公司在 2002 年亏损 1900 万美元，而在 2011 年则赢利 11 亿美元，这使它成为《财富》杂志评选的美国成长最快的公司之一。

尽管此前一再失败，但在这一过程中，Priceline 公司的品牌价值大幅提升，这主要得益于公司与威廉·夏特纳（William Shatner）合作制作的大受欢迎的电视商业广告（如果你不知道威廉·夏特纳是谁，那就说明你太年轻了，肯定也不知道萨缪尔·亚当斯或波本威士忌的历史）。

为了使 Priceline 公司从消沉中振作起来，博伊德将公司的焦点重新转移到旅游业务上，并扩展到旅馆预订领域。尽管 Priceline 公司在 2003 年首次实现了赢利，但真正的转折发生在 2004 年和 2005 年，当时公司收购了两个旅馆预订网站，这两家网站分别位于英国和荷兰。这些收购活动对 Priceline 公司的成长和在股票市场上取得的成功产生了巨大的推动作用，使得它成为因特网历史上最成功的收购公司。

欧洲的在线旅游市场具有巨大的增长潜力，而 Priceline 公司也正在向亚洲市场挺进。

第 9 章

明确的目标

目标明确十分重要，与小企业合作过的人和小企业的员工十分清楚这一点。通常，缺乏结构化甚至不成体系的企业文化会造成目标模糊、纪律涣散。出现这种问题可以理解，因为企业要跟上快速、持续的变化，并且要成为业内最好的企业。但是，我们都知道，这种情况会产生一些不受欢迎的副作用，这些副作用会阻碍小企业的发展，迫使我们扮演追赶者的角色、付出双倍的努力，甚至是浪费时间。为了取得胜利，孙子要求他的军队拥有专一的目标。如果打算成为市场的主导者，那么小企业也需要确立明确的目标。要做到这一点，你就要遵循孙子的忠告，打造并维持一个目标明确的组织。

如果小企业不能将其有限的资源集中于战略重点上，那么它们就会损失惨重。不论是推出一种产品、建立一个新的部门，还是发动一场营销战，重要的是要把事情做对。然而，由于产品上市速度缓慢、决策拖泥带水，或目标不明确，很多想法都没有实现。小企业的优势应该是达成一致或制定决策的速度快，以及灵活机动性强，并能够迅速实现目标。如果它们不利用这种优势，而把时间浪费在对理念和特性进行微调上，以求上市后一鸣惊人，这是不明智的。不要陷入这一僵局。生产出产品，投放到市场上，然后衡量市场的反应。永远都不要偏离企业的目标。

持久战

为了获得辉煌的成果，聚焦于明确的目标是必不可少的。我们很容易偏离目标，如果能够坚持到底，就可以获得独特的优势，并最终取得成功：

“凡为客之道，深则专，浅则散。”

想持续成为强大的竞争者，你就需要知道在哪里以及何时开战最有利，并对军队的机动能力具有预见性：

“故知战之地，知战之日，则可千里而会战。”

对于敌人，孙子说：

“故备前则后寡，备后则前寡，备左则右寡，备右则左寡，无所不备，则无所不寡。”

对于小企业领导者来说，如果能够专注于明确的目标，则需要防卫的弱点就会相对较少。你的目标越集中，你的战场就越少。你的目标越深入，制定的长期战略就越精确。

取得胜利后要整合资源

下面这段文字是《孙子兵法》中适用于小企业的主要原则之一。它很重要，是因为它通常会被人们遗忘：

“夫战胜攻取而不修其功者凶，命曰‘费留’。”

我认为，这段文字指出了小企业领导者所能犯下的代价中最高昂、最致命的错误。由于目光短浅、经营方向时常改变以及资源有限，尽管小企业也常常能够取得大大小小的胜利，但它们没有能够充分利用这些机会。作为一名营销人员，我曾经看到相同的情景在不同公司中反复发生。贸易展是各种规模的公司都容易迷失方向的一个地方。这些展览会对于组织来说是一笔不小的支出，需要人力资源，而且展台的设计和搭建也需要花费大笔费用。再加上赞助费和其他费用，这些贸易展可能会一次性地花费参展商数万美元。但是，贸易展也是接触高端合作伙伴、现有客户和未来买家的极佳机会。那么问题出在哪里？

有很多次，我都看到参加贸易展的人漫无目的地争抢“线索”（Leads），就好像它们是飘浮在风中的100美元钞票一样。抢到之后，他们就把这些“线索”统统塞到一个线索盒里或数据库中。但是，任何善于观察的人以及在展台工作超过几分钟的人都知道，并非所有的“线索”都是有价值的。的确，离开展览会时，你会带走一大堆所谓的“线索”，但根本就不知道哪些“线索”需要立即进行跟踪回访。如果让潜在客户拿着信用卡等待销售人员——他没有及时打电话，是因为他正在进行筛选，以便把握住好机会——那么真正有效的“线索”很快就会失效。这是未能有效利用成果的一个例子。但情况有时还会变得更糟。专业销售人员的流失以及对“线索”（这些“线索”是你在贸易展中不辞辛劳并花费很高的成本获得的）进行的不当处理更令人难以容忍，这造成了时间、精力和金钱的浪费。

至于专业销售人员，他们既可以成为小企业的福音，也可能成为祸根。一些组织会聘用、奖励和留住高绩效的销售人员，而另一些组织则“弃之如敝履”。专业销售人员大量流失绝对不利于企业打造或巩固收入。如果你的组织出现了这种情况，那么问题很可能不是出在销售人员身上，而是出在选择、培训、留住和奖励他们的方法上。

我曾经出席过一些小企业的常务会议，开会时，领导者们对一些不会影响底线而且不会给公司带来任何收入的无关紧要的细节问题争论不休，而他们肯定有更重要的事情要做。这些活动消耗了这些非常聪明的人的时间和精力。这样的会议太糟糕了，因为小企业需要充分利用所有人（特别是那些最聪明的人）的时间和精力。

分销和配送问题同样也会使你不能充分利用已取得的成绩（回忆一下第5章中Airwalk的故事）。必须有明确的目标才能巩固历尽艰辛得来的收益。

在组织中推广知识

为了战胜强大的楚国，孙子向伍子胥将军提出的建议是“分合”。孙子说：

“故兵以诈立，以利动，以分合为变者也。”

大型组织甚至中型组织常常被描述成“孤岛”。在这类企业中，各个部门通常是独立工作，而不会考虑组织中的其他部门正在做什么。但是，“孤岛”现象并不仅仅出现在大企业中。商务和技术咨询公司中同样有很多“孤岛”。那些向政府提供咨询服务的人最应该感到内疚。这些咨询人员通常致力于为政府部门提供服务的长期合约。他们常常在客户的现场办公，并成为那一部门中不可或缺的一部分。他们为那个政府部门提供的服务超过了为聘用他们的公司提供的服务。这样做对于保持良好的客户关系非常有效，但它为在组织内分享信息、创新和经验教训制造了壁垒。这种情况导致了无效率以及知识无法在组织内共享。

在我与华盛顿特区政府的承包商进行合作的那些年，有一家公司试图打破这种束缚。与其他许多承包商一样，这家情报和国防部门的承包商喜欢匿名行事。公司在协调一致方面成效显著。它将一个部门在一个项目上获得的经验与知识推广到组织的其他部门和项目。每个季度，所有的员工都会集中在一起，花上一天的时间来分享他们学到的经验教训、创新，以及通过适当改变就可以应用于其他客户的方法。每年，公司都会出于同样的目的召开一次内部全体会议。

这些会议需要远离客户，它们花费的是不能计费的时间，用在交通上的时间也不能计费。但是，这家企业知道，将员工召集起来进行学习、培训，会使他们能够更好地应对工作中的问题。经过学习和培训之后这些团队会使客户更加满意。而更重要的是，这样做能够使企业在竞争激烈的市场中，不断壮大，变得更有活力，最终脱颖而出。这是一种非常值得称赞的行为，企业领导者应该模仿他们的做法。

目标明确会减少错误

专注于能够引领你走向成功的目标和战略，抛开那些无关紧要的活动。这有利于企业领导者制定有效的决策，并减少失误：

> “古之所谓善战者，胜于易胜者也。”

关于制胜的标准，孙子说：

> “……故其战胜不忒。不忒者，其所措胜，胜已败者也。”

发现敌人的混乱

“以治待乱，以静待哗……”

凭借耐心和观察，并集中足够的资源静观其变，敏锐的小企业领导者就可以发觉竞争对手之间的分歧与不和。例如，在Chobani酸奶的例子中，公司进入了一个未设防的市场，并填补一个以前未被发现的市场空白。

让敌人疲于奔命

这是孙子反复强调的观念。在消耗对手力量的同时积聚自己的力量，占据有利位置，为对手制造不安全感，让他们疲于奔命。所有的小企业领导者都应该牢记孙子对以弱胜强的忠告：

“寡者，备人者也；众者，使人备己者也。”

迷惑对手，让他们始终防备可能的攻击，就可以分散他的力量，并令他们感到不安。你可以通过法律行动做到这一点，这种方式对于保护知识产权来说常常是必要的。詹姆斯·戴森的无袋真空吸尘器刚刚取得成功，其他企业就开始销售它们自己的气旋真空吸尘器，他以专利侵权为由对这些企业提起诉讼并取得了胜利。

由于拥有必要的手段和资源，大型企业十分擅长令竞争对手疲于奔命。在 Samuel Adams 啤酒于 1996 年上市后，Anheuser-Busch 公司（现在叫 Anheuser-Busch InBev）开始发起反击。这家巨型啤酒企业发布广告，指责 Samuel Adams 公司在波士顿之外酿造啤酒，并声称其创始人吉姆·科赫是个骗子。科赫则通过推动商业改善局（Better Business Bureau）的广告自律委员会（Advertising Self-Regulatory Council）发布一个禁止令进行回击。你对孙子的原则执行得越彻底，就越能为一切做好准备。

专注于可行的事情

自负和短视也会使我们采纳一种在市场上行不通的理念。不要吞下自己酿造的苦酒。专注于那些能够为你赚钱并有助于你实现目标的事情，而不是那些很“酷”的新技术或华而不实的东西。

从本质上说，詹姆斯·戴森是一位发明家和工程师。2001 年，他聘请马丁·麦考特（Martin McCourt）担任公司 CEO，并进军美国。他们开发出了更多的真空吸尘器，并推出了 Contrarotator 洗衣机。因为 Contrarotator 洗衣机赔了钱，公司终止了这种很酷的新型家电的生产。而戴森将他的发明看成是自己的孩子，因此对公司的这一决定不太满意。正因为如此，他才需要一名能够做出此类艰难选择的 CEO，以平衡他与这些产品间的情感联系。

"故兵贵胜，不贵久。"

与在战场上一样，在商场中，你同样应该专注于能够成功的事情，而不要将宝贵的资源浪费在不大可能成功的产品与服务上。

科赫不惧怕失败。他知道并非所有的啤酒都能成为明星。这就是为什么波士顿啤酒公司会停止生产那些无法立足的啤酒。成功的法则很简单，他对 CNN Money 的记者说："我只是专注于生产最好的啤酒，并努力把它们卖出去。如果我们能让消费者喝下这些啤酒，我们就成功了。"

案例

Wegmans 连锁超市

我第一次听说 Wegmans 连锁超市（韦格曼斯连锁超市），是因为它在华盛顿特区开了一家门店，地点就在与我合作的一家广告代理公司附近。人们似乎每天都会像第一次到那里购物或就餐一样，回来后对它大加赞赏。我开玩笑说，这像是一种宗教仪式。人们走进那家商店，经历某种不一样的体验，在走出那家商店时，都会有一些改变。这家超市开业已经好几个星期了，而我一次也没有去过，心想它不过就是一个杂货店。谁会对去杂货店购物感到兴奋呢？后来，在某一天的午餐时间我顺便去那家商店逛了一次之后，终于理解了别人对它的称赞。

从那时起，我也成了它的“信徒”。

如果你生活在马萨诸塞州和弗吉尼亚州，或在这两个州旅行过，那么你可能对Wegmans连锁超市非常熟悉。这个连锁超市成立于1916年，从它第一次扩张到纽约州之外开始，它就一直在稳定、明智地成长。增长是有计划的。由于是私人所有的企业，Wegmans公司要对其员工和客户负责。到今天为止，这家公司在沿海的6个州开设了门店，但还是经常收到扩大经营区域的请求。Wegmans公司声称，仅在2011年，它就收到了4400多次来自消费者的请求，希望公司到他们所在的社区开设门店。据Forbes网的报道，在同一年，Wegmans公司的收入达到了56亿美元。

但是，Wegmans公司不会受到诱惑而进入它没有准备进入的地区，也不会使增长速度超过计划的要求。在其公司的网站上，Wegmans公司声称它每年将会开设两到三家新门店。如果你所在的社区恰好有一个门店，那么你就是幸运者之一。

5-Hour Energy 功能饮料

在后面你还会读到更多关于Living Essentials公司（生活必需品公司，5-Hour Energy的生产者）创始人马努基·巴尔加瓦（ManojBhargava）的故事，因为他的例子说明了《孙子兵法》中的一些原则。由于他创造出了这种功能性饮料，所以巴尔加瓦知道这种产品如何才能在市场上立足。他发起了一次次的广告运动，向从来未见过类似产品的购买者推介这种产品。早期的 5-Hour Energy 电视广告在业内的反响极差。但是，巴尔加瓦并不在意。他没有雇用广告代理商，因为“他们想的是获奖，而我们想要把东西卖出去”。他在一次主题演讲中说道：“我们想要告诉人们这种产品是什么，他们应该买来试试。”毕竟，这才是最关键的。

按巴尔加瓦的说法，这些商业广告没有赢得任何大奖，但它们在 3 个月内使产品的销量增加了 50%。他的使命就是专注于 5-Hour Energy 的价值主张，以及如何创造出一个全新的产品品类。

Five Guys 公司

我们在第 3 章中曾经讨论过 Five Guys 公司。在这里仍然以这家公司为例并非巧合，因为如果一家企业的领导者不了解他们自己，不知道该做什么、不该做什么，那么这家企业就无法明确其目标。从一开始，Five Guys 公司的创始人杰里·默雷尔就坚持其菜单应该保持不变：仅提供汉堡包和炸薯条，而且质量要好。质量是最重要的。汉堡包是手工制作的，而且餐厅中的所有原料都是最新鲜的，而不是冷冻的。薯条是手工切制的，而土豆是从美国北部气候适宜的地方仔细挑选出来的。

在成为一家全国性连锁之后，Five Guys 公司开始尝试其他菜品。默雷尔说，售卖咖啡是一场灾难，鸡肉三明治也没有成功。今天，在这家汉堡包店里，你可以品尝到热狗、全素三明治和烤奶酪三明治。但是，增加这些菜品经过了深思熟虑，而执行得也非常谨慎。正如默雷尔对《福布斯》所说的："我担心的是，如果我们增加一些新的食物，而这些食物的口味不是最好的，那么就会有评论家说我们的咖啡如何差劲，而不会说我们的汉堡包和炸薯条有多么好。"

Wegmans公司追求的是稳健且有计划的增长，而Five Guys公司特许经销商的数量却一直在快速增长，其门店几乎遍布每一个州。默雷尔说，他与特许经销商之间最大的矛盾在于：他们希望在菜单中加入更多的食品。但是，默雷尔观察了其他特许加盟店面临的困境，并且发现了一些共同的问题：它们已经偏离了其核心产品，并试图尝试多种业务，这使它们受到了伤害。

第 10 章

“专”的重要性

“专”是《孙子兵法》中反复强调的一个重要主题，意思是将我方的力量凝聚在一起，但大多数图书作者和孙子的研究者都没有强调这一点。这一点对于军队作战来说非常重要，而对于小企业管理者的生存与发展来说同样重要。本章将延续第 9 章的内容，因为如果要想使团队的力量凝聚在一起，其成员就必须理解并共享组织的目标。

下面这句话向小企业领导者强调了“专”的重要性。在此，我们再一次看到了孙子“以众击寡”的战略。这一原则特别适用于小企业：

“我专为一，敌分为十，是以十攻其一也，则我众敌寡。”

在其杰出的军事生涯中，孙子总结出的经验之一是：分散敌军的力量是弱小的军队制胜的法宝。凝聚力量对于弱小的军队来说非常重要，在面对强大对手时更是如此。

在对杰出企业的研究中，乔·卡洛威得出了一些结论。尽管这些结论很重要，但它们肯定不是革命性的。在曾经与我们合作过的企业以及受到媒体关注的一些企业中，我们也看到了类似的情况。卡洛威说，在这些杰出的企业中，每一家企业都很清楚自己是谁。他们没有用自己销售的产品来界定自己。相反，它们对“自己是谁”的认知是由它们对员工、利益相关者和客户的影响来度量的。受到这种观点的驱使，它们努力提供服务、达成自己的使命并实现预期的目标。它们还共同拥有一种能够使自己明显与众不同的能力。

能够培养这种凝聚意识的小企业领导者肯定会使整个组织发生质

变。凝聚力强的组织对自己理解的深刻程度，足以使自己与众不同。能够将全部力量集中于一个目标共进退的小企业十分少见。更常见的情况是：每个人都只关心自己的领域，而不会考虑他的工作会对整个组织造成什么影响。许多小企业对“孤岛”现象视而不见，这让人有些担心。相反，希望主导市场的小企业需要协作、互相学习，并将学到的知识付诸实践，才能实现企业的成长。

对于弱旅如何分散强敌的力量并最终战胜对手，孙子继续说道：

“能以众击寡，则吾之所与战者约矣。”

要战胜强大的对手，就必须集中自己的力量，并努力分散敌人的力量。

分散敌人的力量

“亲而离之。”

这句话暗示，分散敌人的力量不仅仅是对其进行实际的分隔，还包括瓦解其士气，使敌军陷于混乱之中：

“古之善用兵者，能使敌人前后不相及，众寡不相恃，贵贱不相救，上下不相收……”

孙子说，最终的结果是令敌军“合而不齐”。那么，应该如何利用孙子的教诲来团结力量呢？

激发凝聚力

吉姆·科赫有一个目标："像萨缪尔·亚当斯引领了一场政治革命一样，在啤酒行业引发一场啤酒的革命。"他对 CNN Money 网站说。

值得追随的领导者不仅利用明确的方向来激励其员工，而且还利用统一的目标和对目标的执着追求来鼓舞他们：

"故知兵者，动而不迷，举而不穷。"

当危险与机会同样巨大时，集中优势力量就显得更加重要，对于深入敌境作战的军队，孙子说：

"深入则专，主人不克。"

挑战越严峻、对手越强大，你的企业就越需要积聚自己的力量。

保持凝聚力

速度在战斗中是一个巨大的优势，而且也是更加敏捷、灵活的小企业的优势。但我们都知道，有些战役持续的时间超过了我们的预期。这是我们不愿意看到的情况，它会造成僵持状态。

“其用战也，胜久则钝兵挫锐，攻城则力屈。”

激发团队的凝聚力是一项持久的任务，不可能一劳永逸。要确保你的下属能够接收到明确、一致的指令，否则你的组织就会面临来自外部和内部的危险：

“三军既惑且疑，则诸侯之难至矣。”

孙子的结论十分明确。如果军队中存在分歧，那就会使敌人有机可乘。

乍看之下，下面这段文字似乎很难从军事背景下转换到商业环境中。但反复阅读你就会理解其中的含义：

“投之无所往，死且不北。死焉不得，士人尽力。”

经营企业是需要全力以赴，但至少大多数员工并不这样认为。然而，如果你能够逐渐培养出员工内心的忠诚，那么你就可以打造出优异的团队，他们会为你的客户提供卓越的服务。要让员工感到这并不仅仅是一份工作，而是他的事业，这样他们就会贡献出他们最大的力量——这最终会协助整个企业留住人才，并渡过重重难关。对于打造异常忠诚的客户群来说，这一点同样正确。

案例

Zappos 公司

这种凝聚力会为客户带来一致的体验。Zappos 公司的 CEO 谢家华（Tony Hsieh）带领这家公司白手起家，发展到年销售收入超过 10 亿美元。后来，他以 12 亿美元的价格将公司卖给了亚马逊公司（Amazon）。他成功的关键是建立起了为客户提供优质服务和重视员工的文化。他的原则是：将利润和激情结合起来，并为其员工提供一个超越自己的机会。在其著作《三双鞋》（*Delivering Happiness*）中，谢家华分享了一些激进的观念，包括 Zappos 公司如何努力改变世界，并在这场变革中将客户和员工联合起来。

谢家华说，Zappos 公司在成立之初就决定不仅仅要成为一个销售鞋类产品的品牌（后来它也销售服装），而是要成为一个提供最佳客户服务和客户体验的品牌。“我们相信，客户服务不仅仅是一个部门的工作，而应该是整个公司的工作。”他说。

根据谢家华的观点，如果他们建立了正确的企业文化，那么一切——优异的客户服务、强大且长盛不衰的品牌以及充满热情的员工和客户——就会自然而然地出现。为了实现这个目标，Zappos 公司拒绝了很多非常有天赋且很有前途的应聘者，他们很可能会为企业带来短期的收入，但并不适合Zappos公司的企业文化。他认为，为了长期保护品牌，牺牲短期利益是值得的。很显然，亚马逊公司也认同这一观点。

分裂会带来恶果

前面讲述的是孙子对目标的坚持，我们也可以从其他角度来理解，即“对失败的恐惧会激发团队的斗志。”

“兵士甚陷则不惧。”

小企业领导者需要激励、振奋其员工。但在激励员工时，一定要隐藏起企业在商战中有可能失利的风险吗？孙子没有这样说。你的员工必须清楚地知道未能如期完成任务带来的后果。他们必须知道失败对他们个人以及对整个公司意味着什么。

造就卓越的员工

“夫金鼓、旌旗者，所以一民之耳目也。”

在战争中，士兵们根据信号决定何时行动以及如何行动。通过上面这句话带来的思考是：你的员工的注意力都集中于一点吗？他们会按这些信号行事吗？他们信任发布这些命令的人并遵照执行吗？

如果他们团结一致，那么他们建立起来的凝聚力就会贯穿整个组织：

“民既专一，则勇者不得独进，怯者不得独退，此用众之法也。”

即使力量很弱小，你也必须拥有一个团结一致的团队，他们应该能够共同前进。要想战胜更大的对手，凝聚力量就显得更加重要。在激励你的员工不断成长的同时，也要让他们知道失败的惨痛代价。把平庸之才留给大企业吧，你需要的是团队中的每一个人都能够承担起自己的义务、忠心耿耿，并且具有优异的表现。

联合被打败的敌人

孙子曾经说过，“卒善而养之”。以前的竞争对手可能被你并购了，或者倒闭了，而这些公司的员工现在正在与你并肩作战，在对待这些人时，不管你是否愿意，都要牢记这一点。

在各种战场条件下都要保持团结

在第 5 章中，我们讨论了各种类型的地形，孙子明确指出，在各种地形条件下，都应保持军队协同行动：

“散地吾将一其志。

“轻地吾将使之属。

“争地吾将趋其后。

“交地吾将固其结。

“衢地吾将谨其守。

“围地吾将塞其阙。”

减少分歧

与团结一致相对的是不和，这会导致违抗命令的情况发生，而这种反抗会传染到整个组织中。如果不加以解决，这种对抗就不会消失，而会愈演愈烈，其后果可能是灾难性的。孙子说：

“大吏怒而不服，遇敌怼而自战，将不知其能，曰崩。”

案例

Wegmans 公司

Wegmans 连锁超市的领导者知道，忠诚的员工将带来忠诚的客户。为了实现这一目标，Wegmans 公司提供了大学奖学金。全职员工都有资格领取 4 次奖学金，每次可以领取 2200 美元，对学习的课程没有限制。许多接受奖学金的员工都决定在 Wegmans 公司创立一番事业。

公司发言人对《巴尔的摩商业日报》（*Baltimore Business Journal*）说，Wegmans 公司从来没有让一名员工下岗。即使出现销售下滑、店面关闭的情况，公司也总是为员工安排其他领域的工作。而食品营销协会（Food Marketing Institute）的报告称，这家公司没有加入工会的员工的离职率仅为这一行业平均值的一半。

Wegmans 公司的高水准服务可能来自于其低离职率。为了提供更优质的客户服务，收银员在没有完成 40 个小时的培训之前是不能接触顾客的。公司向数百名员工提供跨地区甚至跨国培训，以帮助他们成为产品专家。公司的领导者并不只是在口头上强调员工的重要性，而是以实际行动进行了证明。在制定决策时，他们总是会提出这样的问题：“这样做对员工是不是最有利?”

他们的假设是：首先考虑员工的利益会使他们将这种精神传递给客户。知识丰富的、训练有素的、满意的员工会为客户带来更好的体验。这会使员工和客户更加忠诚。这一假设在Wegmans连锁超市中得到了验证。在整个美国东海岸，Wegmans连锁超市各门店的日平均销售量在这一行业内是最高的。

Wegmans连锁超市的使命不是治疗癌症或解决全球的饥荒问题。它是一家杂货店。但是，与Zappos公司一样，它也没有将自己局限在销售的产品上。Wegmans也示范出企业应该如何做生意。公司鼓励员工参与各种社会慈善活动，这使得他们能够从事一些非常有意义的工作。在一次慈善活动中，Wegmans公司向社区食品银行捐赠了1490万磅的食品。

“这与社会有关，而与竞争无关。”Wegmans公司的一位店面经理说。但是，对于理解融入社会的重要性的企业来说，以真诚的、有意义的方式回报支持者就是一种竞争优势，它会在它所触及的每一个人之间产生一种统一的使命感。

Saleforce 公司

在所有与应用《孙子兵法》相关的研究中，都会谈到Salesforce网的马克·贝尼奥夫（Marc Benioff）的例子。贝尼奥夫自封为孙子的学生，他在整个职业生涯中一直遵循孙子的原则。他带领Salesforce公司改变了客户关系管理行业的格局，使这家公司成长为一家全球性的云计算公司。贝尼奥夫告诉Sonshi公司，《孙子兵法》中对他影响最大的观念是：除非人们共同拥有一种能够使他们的努力更有意义的哲学，否则他们就不可能团结起来或拥有共同的目标。Salesforce公司相信，企业的使命应该超越赚取利润。公司将其1%的股权、1%的利润和1%的员工时间捐献给社会。这有助于组织形成强大的凝聚力，并拥有明确的目标，使得员工更有热情、更有价值。贝尼奥夫称其为“确保战无不胜的秘密武器”。

贝尼奥夫并不认为把这种“秘密武器”拿出来与全世界分享有什么危险。当然，他知道，竞争对手不会模仿他的这种做法。这与设立一个新的部门、聘用更多的销售人员或对企业进行改组不同。它是一种没有多少人愿意尝试的组织承诺。

与Wegmans连锁超市一样，在Salesforce公司，团结的精神也扩展到了客户群中。贝尼奥夫告诉Sonshi公司，《孙子兵法》更强调战略思维而不是战术思维，而他则忠实地执行了这一原则。在制定开放其平台的决策时，这种精神发挥了决定性的作用。贝尼奥夫相信，这样做会使人们愿意与企业共同完成其使命，而不是攻击它。尽管如此，Salesforce公司还是为我们带来了一些引人入胜的商战故事，你会在第13章中读到这些故事。

从表面上看，开放其平台的商业决策似乎与孙子的原则对立。大多数领导者都担心这样做会使竞争对手从中学到很多东西，或者能够看清公司的行动。但Salesforce公司不这样认为。它允许客户扩展Salesforce的应用程序，甚至创建并运行任何需要的程序。贝尼奥夫是这样描述其结果的："通过鼓励人们加入我们并与我们进行创造性的协作，我们打造了一支创新者的队伍，这支队伍将致力于让我们做得更好。"这是一个团结的群体，事实证明，它是 Salesforce 公司的一支精锐部队。

如第 13 章所述，在 Salesforce 公司的竞争策略中，这种目标的一致性尤其突出。公司成功地将用户群与其"终结软件"(end of software) 的使命结合在一起。这种使命受到了"通过充分利用互联网更低的成本和更强大的动力来改变软件产业运行方式"这一目标的推动，在 Salesforce 公司将其引进蓬勃发展的客户关系管理领域时，这还是一个全新的概念。

第四部分

《孙子兵法》进阶：为你的小企业制定战略

在孙子关于总体战略的论述中，这一部分是最难懂、最复杂的，也是最难以应用的。本部分将详细探讨战略在小企业经营中至高无上的地位，同时专注于讨论如何将这些更加精妙的原则应用于你的小企业中。

这些内容将激励你以不同的方式思考企业的运营。

第 11 章

机 动

《孙子兵法》中讲述机动的是《军争篇》。在此，我们将从不同的角度来探讨“机动”这一重要的主题。我们将专注于对《孙子兵法》中有关制定行动规划、打造有利局面和改变前进方向的内容进行引申，这些都是《孙子兵法》中的一些基本概念。尽管本章主要讲述机动，但我们也会涉及《孙子兵法》其他章节中的内容，以更好地说明小企业应该如何灵活地占据并保持优势地位。

在这里，我们要重复一下前面讲述过的两个基本的“机动”概念。让你的对手疲于奔命，并分散他们的力量：

“佚而劳之，亲而离之。”

我们知道，集中优势力量对于企业的健康成长是至关重要的。反过来说，就是你应该想方设法分散对手的力量。

让我们从孙子关于战术机动的精彩论述开始：

“上兵伐谋，其次伐交，其次伐兵，其下攻城。”

你必须提出的问题是：你对敌方战略发起最有效的攻击方式是什么？在学习本章的内容时，我希望你能牢记这个问题，并努力为你的小企业找到答案。

不战而屈人之兵

正如前面一段文字所述，最好的办法是打乱敌人的战略部署并破坏其联盟，而不是直接与敌人展开短兵相接的战斗，而交战的最佳方式是不战而屈人之兵。攻城是最糟糕的选择：

> “故善用兵者，屈人之兵而非战也，拔人之城而非攻也，毁人之国而非久也。”

不进行“攻坚战”就夺取竞争对手的“城池”有很多办法。你可以悄悄地进入一个行业，在时机成熟之前不引起业内企业的注意，并购竞争对手，聘用其顶尖的人才，与其最好的供应商建立排他性关系，并与其他较小的企业联合起来等。对于客户数量较少的服务企业，你可以在它们毫无准备的情况下秘密地接收其最佳客户。你可以寻找更好的供应商，并找到更好的、成本更低的方式将你的产品推向市场。你可以聘用更优秀的人才，并尽可能地留住他们。孙子告诉我们，“非危不战”，永远都不要进行硬碰硬的攻击。

避实击虚

这一原则应该成为每一个希望成功的小企业管理者的口头禅。孙子的话简明扼要：

“……兵之形避实而击虚……”

Paychex 公司进入了 ADP 公司没有进入也不愿意进入的领域，而没有与这一竞争对手在大型和中型客户领域展开争夺。Netflix 公司攻击了百视达公司无力改变的领域，而没有试图开店在电影租赁领域展开竞争。Samuel Adams 啤酒没有尝试与行业的庞然大物 Anheuser-Busch In-Bev 公司和排名第二的 Miller-Coors 公司展开争夺，而是与其他精酿啤酒公司展开竞争。这些利基市场的参与者进入了对手没有进入的领域并展开攻击，从而利用了对手的弱点。

对敌人进行试探

“候之而知动静之理，形之而知死生之地……”

利用佯攻来试探你的对手，估计他的实力，并看看他如何反应。在武术或格斗项目如拳击和摔跤中，选手可以先进行某些试探，以判断对手如何做出反应。通过佯攻，他就能够知道对手在反击时会垂下手，或者在防守时变得僵硬和不灵活。当你看清楚对手如何对试探性攻击做出反应时，你就可以在未来的交战获得最大的胜利。

以迂为直

关于战术机动，孙子说：

“……莫难于军争。军争之难者，以迂为直，以患为利。”

正如我们在第 8 章中看到的，胜利者都有能力反败为胜，创业者很清楚这一点。

孙子继续说：

“故迂其途而诱之以利，后人发，先人至……”

孙子告诉将领应该引诱敌军绕更远的路，以使自己能够先于敌人到达目的地。小企业应该避免同更强大的企业在同一个战场上展开竞争。它们不会尝试在产品或服务上与大企业进行正面竞争，而是会提供一些人们需要且不会对大企业造成影响的产品或服务，或提供质量更高的产品。所以，一些后来居上的企业选择了生产真正优质的波本威士忌、质量更高的酸奶、将电影发送到你邮箱里或以流媒体的形式发送到你的电视上，这些都是正确的选择。你的行动可能落后于对手，但如果你能够率先进入这些利基市场中，你就会赢得充满新机会的市场。

夺其所爱

“敢问敌众而整将来，待之若何？

曰：先夺其所爱则听矣。”

这段文字需要认真分析。你如何才能“夺其所爱”呢？

亚马逊用自己的1000万普通股购买了Zappos公司所有的流通股、期权和认股权证，价值12亿美元。这一交易还花费了亚马逊4000万美元现金和受限制股票，它们都落到了Zappos公司员工的手中。

本·帕尔（Ben Parr）是风险投资基金DominateFund的管理合伙人。除了承认Zappos公司的增长潜力外，帕尔还相信，亚马逊公司收购这家公司，还因为这家公司拥有使其获得巨大成功的卓越的企业文化。Zappos公司的客户服务（我们在前面已经进行了讲述）是这种文化的一部分。其领导者和员工也是如此，而这也是亚马逊公司收购这家较小电子商务对手的主要原因。庞大的亚马逊公司十分关注令Zappos公司鹤立鸡群的企业文化、市场份额、增长潜力和主要的差异化因素。他们为这些特性花费了一大笔钱。这对于小企业来说，是宝贵的一课，如果它决定被并购或卖出自己，那么它就不应该丧失自己的特征或差异化因素。这次收购的一个条件是：Zappos公司仍然在拉斯维加斯运营，其管理团队要原封不动地保留下来。

快速行动

“兵之情主速……”

在商场和战场中，速度都是最重要的。对于小企业来说，速度就更加重要，而且它也是小企业更容易利用的优势。由于资源有限，小企业在发起攻击和进行机动时，其行动必须精确。快速行动使你能够占据更加有利的位置。

“凡先处战地而待敌者佚，后处战地而趋战者劳。”

当然，速度并不仅仅指你的行动比竞争对手更快，还包括以更快的速度提交服务和产品。与大型竞争对手相比，灵活性和响应能力是小企业拥有的主要优势。

时机

“攻其无备，出其不意。”

孙子告诉我们，把握住机会非常重要，但在市场时机成熟时采取行动同样重要。正如我们在第 2 章中看到的，“天”（代表时机）是孙子所称的“五事”之一：

“天者，阴阳、寒暑、时制也。”

商业内幕情报网（Business Insider Intelligence）的分析师帕斯卡-伊曼纽尔·戈布里（Pascal-Emmanuel Gobry）提醒我们不要忘了一句老话：“做早了就是做错了。”让我们利用他提供的三个例子来说明时机在机动中的重要性。

你或许还记得 Ask Jeeves 搜索引擎。它仍然存在，现在叫 Ask 网。在谷歌流行起来之前，我喜欢使用这个搜索引擎。在网上寻找答案开始成为一种获取信息的方式时，它是在线信息的首要来源之一。

这家公司成立于 1998 年，拥有 100 多名编辑来管理人们的搜索，然后选出他们认为能够最好地回答这些查询的网站。这一创新切中了要害，但在技术上却无法实现。尽管 Ask Jeeves 在搜索引擎概念方面取得了领先的地位，但技术的不足和组织问题，再加上谷歌等竞争对手采用了自然语言搜索引擎，使得这家公司难以为继。但是，Ask Jeeves 公司采用的很多技术后来被谷歌公司利用，如语义搜索和网站排名等。

那么，最初的社交网络 SixDegrees 网又如何呢？它建立在这样的观点之下：就像所有的演员只需要通过 6 个中间人就能与美国的电影演员凯文·贝肯（Kevin Bacon）取得联系一样，我们也只需要通过 6 个人就能与地球上的任何人取得联系。但这家公司不太走运，因为对于社交媒体创新来说，世界仍然是平的。

再来看一看 LetsBuyIt 公司。这一在线购物先驱允许家庭和朋友联合起来购买，从而有资格获得较大的折扣。但是，那个时候社交网络还不太发达，无力广泛传播这些信息。由于购买者、销售者之间不存在交集，且缺乏一种将他们密切联系起来的途径，LetsBuyIt 公司没有取得成功。Groupon 公司认识到 LetsBuyIt 公司失败是因为时机不当，于是接受这一教训，它将目标设定为小商家或服务提供商。

市场还没有准备好的时候，你准备好了是不够的。

取得胜利与决定胜利

制定战略是小企业经营者的核心任务。你的战略应该是无形的，这样它对你的竞争对手来说就会成为一个谜。对于无形，孙子说：

> “因形而措胜于众，众不能知。人皆知我所以胜之形，而莫知吾所以制胜之形。”

人们能够看到你是如何取胜的。他们知道你在销售什么产品，也知道这些产品的购买者。他们能够看到你的合作伙伴是谁，也能够与他们的同事讨论你采取的行动。但是，如果你是一名杰出的战略家，那么即使他们了解你采取的行动，也无法理解你取胜的原因。

占据最有利的位置

机动的目的就是占据对成功最有利的位置：

“昔之善战者，先为不可胜，以待敌之可胜。”

为把握每一种优势做好充分的准备是《孙子兵法》的基石。孙子的另一个忠告听起来有些晦涩，我们来思考一下如何应用它：

“凡军好高而恶下，贵阳而贱阴。”

你能一览无余地观察周围的地形吗？你是否占据了能够获得有效信息的制高点？信息来源是否可靠？是否能够进行有效的沟通并建立了情报网？如果做不到这些，你就可能对总体局势一无所知，就不可能让敌人疲于奔命并最终战胜他们。

“……先居高阳，利粮道，以战则利。”

保卫补给线是指你应该与供应商、经销商和行业合作伙伴建立良好的关系。通过建立联盟并进行投资，你就可以保证你的供给。目光短浅的管理者和领导者可能会虐待他们的经销商，推迟向他们付款，甚至欺骗他们，或者采用其他违反职业道德的方式来对待他们。他们认为，还有很多其他服务提供商愿意为他们提供服务。这可能是正确的，但行业和地理区域是有限的。这些没有远见、自私的策略最终会造成恶果。

我曾经与一家企业合作，这家企业坚持要推迟向供应商付款，还要在交货后对早已达成一致的价格讨价还价。我想他们肯定认为自己赢了，支付了较低的费用，一切都符合他们的意愿，但结果是：他们被业内最好的、设备最先进的企业列入了黑名单，就连一家独一无二的供应商也拒绝与他们合作，而他们也找不到另一家供应商来满足其需求。以这种方式做生意是绝对不可行的。

小企业领导者需要各类朋友。培养忠诚的关系和朋友是非常合算的（在可能的情况下，你甚至可以与他们建立排他性的关系），这样最好的企业就不会为你的竞争对手提供服务或产品。如果与他们为敌，那么它们就会帮助你的竞争对手，甚至会被“逼上梁山”。

主动采取行动

成功的企业领导者知道，如果只是选择坚守阵地，那么他们就无法实现突破性的目标。在本书提到的企业中，没有一家是通过纯粹的防守型长期战略取得成功的：

> “少则能逃之，不若则能避之。故小敌之坚，大敌之擒也。”

采取守势表明你的实力相对弱小，而采取攻势则说明你拥有足够强大的力量：

> “守则不足，攻则有余。”

行军

孙子说，在行军过程中要做到：

“凡处军相敌：绝山依谷……”

在制订和执行计划时，不要让你的敌人观察到。如今，要想隐藏你的意图特别困难，因为它们都处于公众的注视之下，因此，要想隐藏自己的秘密行动，你必须比以前付出更多的努力。在关注战略、隐藏行动的同时，还要考虑阻力最小的路径，以使你能够快速穿越危险地带。

“绝水必远水。”

在应用这一原则时，我们应该注意：在一次行动中取得成功后，不要让你的企业被迫退回到不太有利的位置。仅仅取得胜利是不够的，你必须能够保持取得的成果。不久之前，我遇到了一位小企业的领导者，他的企业为医疗行业的某些利基市场开发出了一个创造性的解决方案，并为利用这一市场空白做好了准备。他们验证机会的方式之一是观察一家竞争对手的行动，这一竞争对手向其客户群销售自己的产品，并取得了显著的成功。但是，这家公司需要花费大量资源来获得合约，却无力履行这些合约，因此他们很快就焦头烂额了，不得不关闭这项业务。

在遇到困难时，如果你没有继续采取行动的战略和资源，那么这种悲剧也会发生在你的身上。

“绝斥泽，唯亟去无留。”

在危险的地方不要停留。如果不得不妥协，那就要快速制定决策，不要犹豫。许多高管认为，他们最后悔的事情之一就是过久地与一些经营不善的企业进行合作。RHR 国际公司（RHR International）的高级合伙人大卫·阿斯托里诺（David Astorino）声称，在众多的 CEO 们对过去的所作所为进行反思时，几乎都会说："我的直觉告诉我不能再和那个人合作，我当时真的应该相信这种直觉，并当机立断。"对于小企业来说，这种善意的拖延会造成实质性的伤害，使得整个组织停滞不前。

案例

Netflix 公司

Netflix 公司的故事始于 1997 年，当时公司的创始人里德·哈斯廷斯（Reed Hastings）收到了来自一家录像带商店 40 美元的滞纳金，因为他租借的《阿波罗 13 号》（*Apollo* 13）的录像带没有能够准时送到他手里。从那时起，他就开始思考通过邮件租借电影的可行性。他尝试着向自己邮寄 DVD。当这些 DVD 完好地到达他的手里时，他相信自己发现了某种机会。他向 CNN Money 描述了当他知道这样做可行时的激动心情：

> "2003 年的某一天，我正在视察我们位于凤凰城郊外的一个配送中心。当时正在下雨，而我的伞却打不开，于是我决定走半英里的路，从配送中心回到宾馆。我的黑霉手机接到了一条信息，说那一天我们的订户数量达到了 100 万，而我正在雨中漫步。在这个美妙的时刻，我兴奋不已，我们就要成功了，而这也是我们实现赢利的第一个季度。这真是一次神奇的雨

中漫步。”

Netflix 公司的定位对其成功非常关键。消费者对娱乐的需求永远得不到满足，而他们正在越来越多地利用流媒体。哈斯廷斯和 Netflix 公司的其他领导者证明了他们在满足市场需求方面的能力，甚至因采取了一些打破常规的举动而遭到批评。他们以牺牲其 DVD 业务为代价来推动流媒体业务发展，这种做法遭到了普遍的质疑。2011 年，哈斯廷斯将 Netflix 公司的业务划分为两个部分——DVD 业务和流媒体业务，并允许它们为了争夺顾客而相互竞争。大多消费者不会同时为这两种媒体付费，因此他们必须从中选择一个。

让批评者感到惊讶的是，在鼓励消费者从 DVD 转向流媒体的同时，Netflix 公司的收入和利润都增加了。但回想一下，我们就可以看出为什么这一决策是可行的。许多企业拒绝以牺牲其劣势来换取优势，并紧抓着逐渐过时的模式不放。哈斯廷斯从 DVD 业务的赢利中拿出资金来扶持成长迅速但利润较低的流媒体业务。Netflix 公司在使市场从 DVD 平台转向流媒体的同时，成功地实现了收入和利润的增加。这是一次精彩的行动，它向我们展示了“如何谨慎地保护你的供给线”。随着竞争的加剧，按需流媒体市场不断升温，但 Netflix 公司仍然占据着十分有利的位置。

亚当·哈通（Adam Hartung）在《福布斯》杂志上总结了这一成功的罕见性。“几乎没有公司能够成功地实现这种转变。”他写道。大多数企业全力以赴地保卫自己即将失去的领地，因而丧失了发展的机会。把握住迅猛发展的流媒体市场，而不是抱着日渐萎缩的业务不放，这是一个十分明智的举措。或许是Netflix公司吸取了百事达公司的教训。

还有一种可能，就是他们领悟了本章前面提到的孙子的忠告：

“故小敌之坚，大敌之擒也。”

第 12 章

随机应变

创新与机动和总体战略密切相关，它是许多小企业文化的一部分。为那些勇往直前的企业铺平通向行业霸主之路的并不是什么秘密武器。与更强大的竞争对手相比，小企业拥有一种优势：面对动态的、不确定的现实，它们更有能力采取一些战术行动。而要想生存下去，它们就必须不断创新。

残酷的统计数字表明，80% 的新企业会在最初的五年中倒闭，小企业管理者对这一统计结果非常熟悉。但是，更有意思的是，与那些失败的企业相比，取得成功的新企业选择了不同的发展道路。现在，我们要看一看孙子对于通过改变战略和战术而取得成功的忠告。

改变计划

成功的将领必须善于改变计划。仅仅精通第 2 章所述的“五事”——道、天、地、将、法——是不够的：

“治兵不知九变之术，虽知五利，不能得人之用矣。”

对于孙子来说，随机应变的能力至关重要。优秀的领导者都能够见机行事，而墨守成规者则无法利用局势的变化：

“故将通于九变之利者，知用兵矣；将不通九变之利，虽知地形，不能得地之利矣。”

在战争中，适应瞬息万变的战局变化是至关重要的，在商业领域中也是如此：

“故为兵之事，在顺详敌之意，并敌一向……”

向水学习

在论述如何与对手交战时，孙子建议我们应该向水学习。遇到阻力时，水会绕道而行。它会适应环境并改变形状。“水因地而制行”，它会避开强大的阻力，并选择阻力最小的路线流动。在本书中，我们反复说明了这一概念。企业不应该“一条道走到黑”，而是应该像水一样具有灵活性。他们的策略应该像水一样具有适应性和无形性，不能一成不变。下面这段引自《孙子兵法》的文字以水来比喻战斗：

“夫兵形象水，水之行避高而趋下，兵之形避实而击虚；水因地而制行，兵因敌而制胜。故兵无常势，水无常形。”

下面这句话使得上面的文字更具可操作性：

“能因敌变化而取胜者，谓之神。”

提供在线照片、视频分享和社交网络服务的 Instagram 公司的前身是提供位置服务（Location-Based Service）的社交网络 Burbn 公司。上传和分享照片只是 Burbn 公司的业务之一，但这一业务随着客户的增加而大幅增长，并且将 Instagram 公司塑造成了今天的样子。还有很多类似的成功企业的故事，它们走过的道路与最初的设计有很大差异。它们之间的共性就是适应能力和对机会的响应。

找到并追随你所在行业的趋势。不要与潮流的变化背道而驰。你应该将这些变化视为一种机会，并把握住优势。平板电脑和智能电话的销售正在出现爆发式增长，而 DVD 播放机的销售则趋于平稳。Netflix 公司没有抱残守缺，而是利用了这一趋势，并努力占领了这一飞速增长的市场。

千变万化的战术

孙子说，要想永远领先于敌人，你就必须不断设计出新的战术，而不是重复以前的战术，即使它们曾经取得过成功：

“故其战胜不复，而应形于无穷。”

这是“非危不战”的另一个原因。你不必持续不断地提出新方法和出人意料的进攻方式。具有创新性就是令竞争对手无从知道你的意图：

“由不虞之道，攻其所不戒也。”

通过持续改善你的企业，就相当于你在以千变万化的策略应对市场的变化。商业图书作者约翰·斯宾塞（John Spence）曾经说过，以前的竞争优势是能够获得资本、专利技术、有利的地位、独一无二的分销渠道，以及规模经济。今天，这些因素的重要性降低了。相比之下，未来的赢家将是那些能够对企业的各个方面进行持续、渐进改善从而打造新竞争优势的企业。你应该如何对企业的每一个方面进行持续、渐进甚至是大幅改善呢？

破坏性创新

如果你和我的成长环境一样，那么你从小时候开始就会经常听到“破坏”这个词。但是，在创新的环境中，“破坏”是一件非常好的事情。1997 年，哈佛商学院的教授克莱顿·克里斯滕森（Clayton Christensen）在其著作《创新者的困境》（*The Innovator's Dilemma*）中详细描述了一个有意思的假设。他说，由于公司创新的速度过快，远远快于消费者对创新的要求，因此对于大多数消费者来说，多数组织开发出的产品或服务都过于精密，价格过高，或者过于复杂。尽管如此，企业还是喜欢为其最有利可图的客户生产价格较高的产品和服务。它们正是从这些高端市场的购买者手中赚到了大部分利润。克里斯滕森说，这种情况为“破坏性创新”（Disruptive Innovation）创造了机会，使得企业可以为低端市场中利润较低的客户提供产品或服务。

这种“破坏”的例子包括从大型计算机到微型电脑、从胶片到数字化、从四年制大学到社区大学、从传统的医疗机构到小型医疗诊所的转变，而这些只是此类转变中的一小部分。利用破坏性创新，较小的企业可以向市场提供一些产品或服务，以充分利用低利润率产品和服务带来的机会。在这一过程中，它们会为各个行业带来革命性的变革。

对于创新型小企业来说，理解这一点是极端重要的。在《创新者的困境》出版后的岁月中，这一趋势不断加速。正如史蒂夫·丹宁（Steve Denning）在发表于《福布斯》杂志上的一篇文章中所说的，《财富》500 强企业的预期寿命已经下降到不足 15 年。

克里斯滕森以路由器技术为例进行了说明。思科公司（Cisco Systems）是一个破坏者，它在朗讯公司（Lucent）和北电公司（Nortel）生产的线路交换设备之外为我们提供了另一个选择。路由器技术的成本更低，但对于语音数据的传送来说并不理想。由于客户不了解这种技术的潜力，因此没有客户愿意购买它。但是，在对路由器技术进行持续改善后，思科公司成功地提高了其速度，使其适合语音数据的传送，满足了客户需求。尽管思科一直都是有能力适应变化的企业典型，但现在它也正在面临着刀片式服务器（Blade Servers）和软交换设备（Soft Switches）等创新的威胁。

Salesforce 公司是敏锐的公司之一。与苹果公司和亚马逊公司一样，它也被克里斯滕森援引为采用了“不仅重视短期营利能力，而且还注重持续创新与实验”这种模式的公司。这些公司的客户满意度很高。这一模式推动公司持续创新和破坏——即使是在它们自己的企业中也是如此。

隐蔽性

“举军而争利则不及，委军而争利则辎重捐。”

大兵团的推进速度肯定慢于较小的、更隐蔽的对手。而小规模的部队在进攻和防御时会显得力量不足。这也是令敌人疲于奔命十分重要的另一个原因，对弱小的企业来说更是如此。

> “是故卷甲而趋，日夜不处，倍道兼行，百里而争利，则擒三将军……”

孙子继续警告人们，强迫部队前进意味着很大一部分军队将无法到达目的地，这会导致军队的领导者被擒，而且补给和辎重将受损。与规模更小、更敏捷的对手的行动相比，要保证大部队的供给和运转，其后勤保障的繁重程度和难度要大得多。你应该始终充分利用你的企业所具有的隐蔽性优势。

案例

Paypal 公司

在经过了几年的反复尝试，并克服了与用户欺诈相关的严重问题之后，Paypal 才成为了数百万用户首选的在线支付系统。最初，公司成立时的名字叫 Fieldlink，为手持设备开发加密软件。在建立了一个从来没有流行起来的平台后，创始人马克思·列夫琴（Max Levchin）和彼得·泰尔（Peter Thiel）将公司的名字改成了 Confinity，并进入了 PalmPilot 掌上电脑用户之间相互转移资金的领域。由于在这一领域中没有赢得人们的

关注，而且成功需要PalmPilot市场的普及与繁荣，因此他们再一次改变了发展的道路，这一次是转向了被称为Paypal的支付系统。凭借这一概念，他们进入了网络电子支付领域。Paypal公司的前执行副总裁里德·霍夫曼（Reid Hoffman）说，所有这些快速变化都发生在15个月之内。

作为一个支付系统，在Paypal公司的早期成长中，eBay的用户做出了很大贡献。这一群体使得这一平台在其他人眼里成了一条简便、安全、可靠的资金转移通道。尽管eBay有一个名为Billpoint的内部支付系统，但用户更喜欢Paypal。霍夫曼问他的团队："eBay的这个东西是干什么的，为什么人们会使用它?"答案很快就来了："噢，我的天啊，是我们的客户。"霍夫曼回忆道。那些用户为Paypal提供了一个非常有利可图的市场。2002年，Paypal公司上市，并被eBay公司以15亿美元的价格收购。整个故事持续的时间不到4年。对于一家彻底改变发展道路的公司来说，这个结果很不错。

Priceline公司

我们曾经在第8章中讨论过Priceline公司。但是，这家公司的故事同样也说明了改变自己的重要性，以及加入强大联盟的价值。杰伊·沃克（Jay Walker）是"由你定价"（Name Your Own Price）系统背后的策划者，他开发出了这一系统并将其应用于航空产业。到1997年，他的公司——Walker Digit-

al——将这一概念应用于Priceline网站的票务服务中。航空公司反对这一大胆的新模式。毕竟，航空业没有发明它，那么它能好到哪里去呢？无论如何，这是一种过时的、传统的思维方式。沃克成功地吸引了两家相对较小的航空公司——环球航空公司（TWA）和美国西部航空公司（America West）。

以威廉·夏特纳（William Shatner）为主角的大受欢迎的广告活动随之而来。由于还没有取得收入，公司在支付给夏特纳的报酬中有一部分是Priceline的股份。广告获得了成功。但事实证明，吸引人们登录网站并不总是一件好事。在最初的两个月中，Priceline公司卖出了3万多张票，但仅仅依靠环球航空公司和美国西部航空公司无法满足市场的需求。为了弥补这一差距，公司不得不在零售市场上购买其他航空公司的机票，以满足客户的订单。于是，公司赔钱了。

通过聘请花旗集团（Citicorp）的前总裁理查德·布拉多克（Richard Braddock）担任CEO，公司巩固了其正当性（legitimacy）。这样，Priceline公司得以与达美航空公司（Delta）签约（这是它签约的第一家干线航空公司），在这一交易中，Priceline公司将其12%的股份给予了达美航空公司。其他航空公司紧随这个行业巨人之后，纷纷和Priceline展开合作。

1999年，Priceline公司在纳斯达克上市，成了技术股繁荣时期的一颗明星。随后，困难接踵而至：向不相关的市场过度扩张、互联网泡沫破灭、航空业遭受重创、向互联网开放机票的订购。在第8章中，你看到了这一故事的结局，包括Priceline公司如何改变其经营模式以适应市场的变化。

PayPal 公司和 Priceline 公司是两个完全不同的关于“随机应变”的例子。Priceline 公司不断使自己的理念适应巨大的、持续变化的市场，如果不成功，就继续改变。PayPal 公司则是一次次地快速改变企业的核心，直到形成一个有效的理念。在这两个例子中，两家公司的改变都非常大。它们开启了新的赢利机会、找到了新的发展路径，并充分利用了“破坏”的力量。公司领导者证明了他们具有远见，能够修正甚至彻底改变过去的发展道路，而且他们也愿意这样做。

你愿意这样做吗？

第 13 章

精神的力量

“精神”（spirit）常常被称为“态度”（attitude）。励志型的和人生指导类图书中充满了这类内容。吸引力法则告诉我们：物以类聚。我们越积极、乐观，就越有可能吸引其他积极向上的人。但对于孙子来说，这种品质在建立军事霸权方面具有独特的强大力量。如果不研究略显抽象的精神要素，我们就无法真正理解《孙子兵法》。

从风林火山中汲取精神

下面这段文字结合了来自孙子时代之前的经典著作的要素：

“故其疾如风，其徐如林，侵掠如火，不动如山，难知如阴，动如雷震。”

我们来分析一下这些要素，并探讨它们对于你的小企业意味着什么：

- **其疾如风**。风是无形的。它来无影，去无踪。你抓不住它，而它可以轻易地改变方向。风也可能蕴藏着巨大的力量。孙子要求军队的行动要像风一样，不仅是指速度快，而且还包括应变性和协同能力。对小企业来说，就是你的行动不能被预测到。这些行动应该快速进行，而且应该足以实现预定的目标。

- **其徐如林**。“徐”与“疾”相对应，是指行动要严整、协调。如果你的下属协调一致，共同向前推进，那么他们的力量就不会分散。竞争的形势扑朔迷离，就像森林中的树木十分密集一样。竞争对手无法透过这种局面看清你的行动，或利用你的弱点，因此可能会被你强大的表象所震慑。所以，小企业更应该表现出团结且步调一致，除非你试图利用假象诱使对方上当。
- **侵掠如火**。火会迅速、彻底地毁灭一切，因为会造成恐惧和混乱。在发起一次干净利落的打击时，你不应该再掩饰自己的力量和决心。同样，速度很重要。
- **不动如山**。不管对行动路线的规划有多么严密，杰出的领导者都能够根据环境的改变而修改其战术。你必须根据条件的变化做出调整，但对胜利的决心却应该像山一样难以撼动。在这里，团队的凝聚力是一个重要因素。分散力量会产生相反的影响，动摇你的决心，并使你更容易受到对手的攻击。
- **难知如阴**。对竞争对手来说，你的下一步行动应该是一个谜，你的企业应该建立起保密措施，以确保对手无法探知你的秘密。
- **动如雷震**。你的行动应该让敌人无法预料，且像雷电一样迅猛。闪电会穿透一切到达地面。就像火一样，雷鸣和闪电也会造成恐慌，而闪电可以致命。与风一样，它同样来无影去无踪。发动迅雷不及掩耳式的进攻会使敌人进一步陷入混乱之中。所有这些现象都表明：发动决定性的、协调一致的攻击以及对时机的准确把握是非常重要的。

这些要素说明了联合所有力量在竞争对手之间制造混乱和不确定性的重要性。对于技艺高超的武术家来说，这些要素也是非常重要的。

快速、隐蔽的行动以及不为人知的意图使得打击具有更大的威力。我最赞同“动如雷震”这一理念。在柔道训练中，教练告诫我们要随时对任何可能的攻击做好准备。在激烈的搏斗中，我们不会去推测将遭到何种攻击，这样会分神，而是会这样想：任何攻击我都能应付。我已经准备好了。这不仅仅是指为防御猛烈的攻击做好了准备，而且还包括为迎面还击敌人的进攻做好了准备，为阻击、攻击甚至消灭对手做好了准备。与“动如雷震”一样，在防守时也可以大喝一声，我们称之为“气合”（Kiai）。与闪电一样，我们会不惜一切代价地打击试图伤害我们的敌人。

先胜

这是《孙子兵法》中最重要的观念之一。对于企业领导者和在职业道路上拼搏的个人来说，这个观念都具有深远的意义：

“是故胜兵先胜而后求战，败兵先战而后求胜。”

此处的观点是：如果我们希望取得最终胜利，那么就必须在开战之前处于不败之地。这个原则适用于准备工作，也适用于为了取胜而进行良好的训练并占据有利位置。但还不止这些。如果你做好了一切规划和准备，但却不相信自己会赢，那么你取胜的机会就会减少。正如亨利·福特所说的：“不管你认为自己行还是不行，你都是对的。”孙子应该也会同意福特的观点。

武术也体现了这种观点。我曾经在不同的学校里和许多人一起进行过训练。练习武术的目的是自卫，至少对我来说是这样的。在进行自卫训练时，最重要的考虑是：面对凶猛的对手，你能保护自己吗？归根结底，这取决于你早已做出的决策：是否想成为牺牲品。与一个人的斗志和“先胜”的心态相比，等级和经验都不重要。我曾经见过一些黑带选手，他们给我的感觉是：在与技术一般、块头相当的对手的较量中，他们可能无法保护自己，更不要说面对手持各种武器的攻击者了。我记得有一位接受了几年训练的女士对我说：“我觉得我永远也不可能把一名男子打倒在地并制服他。”

“永远也不可能把一名男子打倒并制服他”如果我也这样想，那我就永远也不用出门了。

在这里，孙子的观点是“先胜而后求战”，不论是在实际行动中还是在精神上，你都要保持这样的心态：“我不会成为牺牲品”、“我会得到提升”，或者“这个客户是我的”。如果你接受了这一观点，并把它应用于实践中，那么这些就不是一厢情愿的幻想，“先胜而后求战”将永远改变你的经营方式。

保持锐气

孙子坚信，应该尽可能迅速地取得胜利。这一观点最重要的副产品之一是为胜利而战的人的斗志：

“久暴师则国用不足。”

他拥有的——也是你所拥有的——最重要的资源之一是人。

“夫钝兵挫锐，屈力殚货，则诸侯乘其弊而起，虽有智者，不能善其后矣。”

当你的资源被消耗殆尽时，你就会非常脆弱，不堪一击。同样，当对手暴露出弱点时，也就是你发起攻击的时机。这些机会使你能够将对手的劣势转化为自己的优势。

小企业领导者应该牢记孙子的忠告：对于那些信任你的人，你应该成为一名优秀的管家，尊重他们的能力和技能，并为他们取得成功提供必要的资源。精明的人是不会为那些无法让他们最大限度发挥能力、没有生气的组织长时间工作的。

他们也不会容忍那些无法实现目标和不能把握机会的组织。正如孙子所说的：

“故兵闻拙速，未睹巧之久也。

“是故朝气锐，昼气惰，暮气归。”

你必须保持士气高涨，不仅仅是在公司成立之初（此时士气最高涨），而且要在持续不断的竞争过程中始终让你的员工斗志高昂。

利用对手士气低落的机会

研究你的对手，以便找出其士气高涨和低落的规律，并加以利用：

“善用兵者，避其锐气，击其惰归，此治气者也。”

你该如何利用这种机会呢？

打击其盟友的士气

你不仅应该打击对手的士气和团结一致的精神，还应该想方设法破坏其联盟和支持网络：

“夫王霸之兵，伐大国，则其众不得聚；威加于敌，则其交不得合。”

你可以尝试与竞争对手的盟友建立排他性的或更富有成效的关系，或者与重要的、可靠的信息提供者建立联系以获得竞争对手的情报。你还有没有其他方法来破坏竞争对手的联盟？

利用对手的破绽

敌人发起进攻或进行防御的能力会存在某些不足，在制造或利用这些破绽的过程中，准备工作和时机是非常重要的。果断采取行动的勇气所发挥的作用是无法被取代的：

“是故始如处女，敌人开户；后如脱兔，敌不及拒。”

孙子要求他的将领必须抓住敌人的破绽：

“敌人开阖，必亟入之。”

胜已败者

“……故其战胜不忒。不忒者，其所措胜，胜已败者也。”

“胜已败者”是什么意思？完美的执行肯定是这一原则的一部分。但孙子继续说道：

“故善战者，立于不败之地，而不失敌之败也。”

孙子要求不放过任何一个击败敌人的机会。强势有力的领导者知道自己何时处于有利的位置，理解对手的相对优势或劣势，拥有迅速发起决定性攻击并取得胜利所需的资源。

遵循孙子的原则，在“立于不败之地”后再与敌人交战。

令对手无法抗拒

这是小企业领导者应该牢记的另一个原则：

“故善战者，其势险，其节短。”

制定决策时快速、坚决，这对于你的组织在突然之间发动致命攻击的能力十分重要。

孙子继续讨论“势”（Energy）的释放：

“势如彍（弘）弩，节如发机。”

时机和果断是关键点。对于创业者和小企业管理者来说，问题是：你应该如何准备好弓弩？你知道何时触发扳机吗？

并非所有的企业领导者都是优秀、可靠的决策者。在很多情况下，年轻、缺乏经验、迟疑不决的领导者会倾向于充当事后诸葛亮，并改变前进的方向。这会造成员工不知所措。最终，他们会习惯于以缓慢的速度行动，因为这符合他们的最大利益。如果他们认为自己的领导会在第二天改变前进的路径，那么为什么要迅速地实施计划呢？这将使企业无法巩固已经取得的胜利，从最乐观的一面看，这是愚蠢，而在最糟糕的情况下，它会为企业带来灾难。

除了造成行动迟缓从而削弱小企业所具有的重要优势外，这种混乱的决策制定方法还会压制人们的热情并使他们感到困惑。如果你已经阅读了这本《斗巨头：以弱胜强的商战奇计》，那么你就会知道所有这一切都是非常危险的副产品，它们会使小企业饱受折磨。

火攻中包含的精神要素

《孙子兵法·火攻第十二》专门讨论了在进攻中如何利用火这一利器。这一章节同样也涉及精神。

“行火必有因，烟火必素具……”

发起攻击前，我们还应该在物质上和精神上做好准备。孙子讲述了如何对“五火之变”做好准备：

“火发于内，则早应之于外。”

要准备好在敌人出现混乱、分裂和骚乱时发起突然袭击。不管你是否发起攻击，或者是否要抓住其他情况带来的机会（包括敌人的危机），这样做都是正确的。

或者如芝加哥市的市长拉姆·伊曼纽尔（Rahm Emanuel）所说的：“你永远都不希望白白浪费一次严重的危机。”

案例

Saleforce 公司的精神

《孙子兵法》给 Salesforce 公司的 CEO 马克·贝尼奥夫进入一个由其他强大竞争对手主导的行业提供了所需的信心。“最终，是我们如何挑战整个软件行业。”贝尼奥夫在《孙子兵法：冲突的精神》一书的序言中写道。贝尼奥夫是技术领域中的摇滚明星——也是孙子狂热的追随着。在贝尼奥夫的例子中，你会发现《孙子兵法》战术的丰富例证，因为这些原则的执行者是一位精通《孙子兵法》的专家［向商业内幕情报网的朱利·波特（Julie Bort）致敬，他对贝尼奥夫的精彩瞬间进行了总结］。

Salesforce 公司上市后不久，就发生了一件轰动一时的事情。在一次聪明的行动中，公司在 Siebel 系统公司（Siebel Systems）用户大会期间雇用了一些演员扮演“反对者”，还请一个人假扮成电视台的员工。Siebel 公司（现在已经成为甲骨文公司的一部分）是一家巨型公司，也是贝尼奥夫最大的竞争对手。Salesforce 公司正在推广通过网络发布客户关系管理软件这种大胆的新方式。“反对者”举着写有“网络太棒了……软件过时了！”和“不要软件”的标语牌在开会的地点举行游行。

这一事件过于引人注目，它刺激 Siebel 公司以自己的方式进行抗议，并叫来了警察。贝尼奥夫说，这一闹剧激怒了对手，而他承认，其剧本来自《孙子兵法》。

还有更精彩的，下面这个来自贝尼奥夫的例子是我最喜欢的。

这一事件仍然与 Siebel 公司有关，而这次发生在法国的戛纳，贝尼奥夫和公司租下了所有从尼斯开往戛纳的机场出租车——“俘虏”了大部分与会者——然后利用从机场到会场的 45 分钟行驶时间大肆推销 Salesforce 的产品。Siebel 公司再一次叫来了警察。

微软公司注意到了贝尼奥夫吸引眼球、超越常规、打了就跑的竞争方式。2010 年，在 Salesforce 公司的一次会议期间，微软雇了一些人，骑着 Segway 电动车，举着一幅广告，广告上画着一个人的头像（这个人大概是公司的用户），上面写着“我没有被强迫”（I didn't get forced）。这是微软玩儿的一个文字游戏，它把 Salesforce 公司称为 Salesforced。如果说微软的这个双关语很高明的话，那么贝尼奥夫的回应则堪称无与伦比。在他的主题演讲期间，他把广告上的那个人请到台上，并请求这位假装的顾客使用 Salesforce 公司的产品。这个演员同意了，听众们则起立欢呼。

在另一次备受瞩目的展览中，贝尼奥夫被列入了 2012 年甲骨文公司 OpenWorld 大会主讲嘉宾的名单中。甲骨文公司的共同创始人和 CEO 拉里·埃里森（Larry Ellison）是贝尼奥夫的导师和前老板，他也是孙子的信徒，而这两家公司是竞争对手。这种组合打造了一个非常有意思的竞技场。当甲骨文公司宣布推迟贝尼奥夫的演讲时，他抗议道："表演结束了。"贝尼奥夫发表了一份声明，声称甲骨文公司已经"取消了他的主题演讲"，而他将在附近的一家酒店发表自己的演讲。

Salesforce 公司的 CEO 利用地点的改变来展示其 Chatter 产品，而这一风波可能仅仅意味着现场的听众会更多。他声称，Salesforce 公司开放的云软件"与众不同"，他的演讲被改期的原因是 Salesforce 公司对甲骨文公司造成了威胁。这次演讲赢得了广泛的关注。贝尼奥夫更进一步，利用这一事件说明了其员工的行动有多么迅速、高效，他们在极短的时间内找到了新的地点、印制了新的海报，并进行了宣传，而完成这一切使用的都是 Salesforce 公司的 Chatter 社交网络。贝尼奥夫说，尽管他们本应该做一些引人注目的事情，但如果在几年前开发其云软件是不可能取得成功的。

关于激怒 Siebel 公司的策略，贝尼奥夫说它们阐明了《孙子兵法》中的两个原则：

- "出其所必趋，趋其所不意。"
- "故善战者，致人而不致于人。"

第 14 章

迷惑对手

小企业可以利用诡计来迷惑和瓦解其竞争对手，甚至可以利用竞争对手的错误认知来打击它们，并使自己处于有利地位。当前的商业环境为那些具有远见的新兴企业和虚拟企业提供了前所未有的机会，使它们能够在大企业林立的世界上生存、发展。小企业应该使自己看起来比实际上更强大，还是应该在雷达之下飞行，直到出现发起攻击的最佳时机，或者将两者结合起来？

本章的重点是以道德的方式利用欺诈、虚假消息和情报来迷惑敌人。我并非鼓励不诚实，因为这不是我做生意的方式。但另一方面，战争是完全不同的事情。

“兵者，诡道也。”

“兵不厌诈”是《孙子兵法》中的一项基本原则。但是，对于当今的小企业领导者来说，上面这句精辟的、经常被引用的话意味着什么呢？

示形

孙子告诫其高级将领，应该利用假象来迷惑敌人，从而隐藏起自己的计划。在第 13 章中，我们学习了孙子对于如何使你的行动“其疾如风，其徐如林，侵掠如火，不动如山，难知如阴，动如雷震”的忠告。记住下面这句话：

“难知如阴，动如雷震。”

除了让对手无法了解我们的计划之外，我们还需要使他们对我们的实力和行动产生错觉。孙子说：

“故能而示之不能，用而示之不用，近而示之远，远而示之近。”

我在《女性孙子兵法》中用一个例子说明了“制造假象”这一原则，我非常喜欢这个例子。1987 年，玛莎·塞林（Marsha Serlin）以仅有的 200 美元和一辆租来的卡车创办了联合废金属公司（United Scrap Metal Inc.）。在最初的几年中，她一直被人们瞧不起，因为很少有女性会从事这一行业。在新鲜感渐渐消失后，她就从人们的视线中消失了，这是《孙子兵法》中的策略之一。她的企业是在一座摇摇欲坠的陈旧的建筑中进行运营的。她说，这座建筑会让她想起电视剧《桑福德和儿子》（*Sanford and Son*，美国情景喜剧，讲述了任性的废旧品商人和他的失败儿子运气不佳的遭遇——译者注）。这种外表是伪装出来的。随着企业的成长，塞林悄悄地买下了其所有产权。她成功地实现了“以迂为直”。今天，联合废金属公司每年要处理 14 万吨钢，2012 年的收入达到了 2.5 亿美元。

制造错觉的另一个极好的例子是嘉年华邮轮公司（Carnival Cruise Lines），它是世界上最大的邮轮公司。的确，这个品牌遭遇了一些严重的灾难，我们将密切关注它能否在未来继续平稳航行。但是，嘉年华邮轮公司发展之初的一些做法向我们展示了如何改变人们的感知并打造强大的联盟（如第6章所述）。当这家邮轮公司刚刚起航时，它只有一艘船，而且资金严重匮乏。由于公司的钱只够给这艘船的一面刷上油漆，因此嘉年华公司就让刷上油漆的那一面对着乘客。

利用并制造混乱

孙子告诉我们，应该制造外表上的混乱以诱惑敌人。对于在开放的、透明的环境中经营的企业而言，这一战略会带来一定的风险，因为弱小或混乱的外表同样会影响你的客户、合作伙伴或潜在的投资者对你的看法。

联合废金属公司发展之初的故事再一次说明了孙子关于“表面上混乱”的论述：

> “纷纷纭纭，斗乱而不可乱；混混沌沌，形圆而不可败。”

但是，造成这样一种表面上混乱和弱势的假象需要勇气与纪律：

> “乱生于治，怯生于勇，弱生于强。”

孙子是在告诉我们，只有思维缜密、深谋远虑、强大的领导者才能成功地向对手展示混乱、脆弱的假象——并使其成为自己的一种优势。在实施这一计谋时，你需要深思熟虑。永远都不要让脆弱、混乱、胆小的外表影响公众对你的企业的认知，除非是在一个极短的时期内，而且胜利近在眼前。你必须有能力使力量的对比迅速回归到对你有利的局面。不管你做得有多好，最重要的是你的客户和能够影响市场观点的人认为你做得如何。当然，员工的看法也很重要。

诱敌

“故善动敌者，形之，敌必从之；予之，敌必取之。”

在与人打交道时，应用这一原则最容易取得成功。我认识一位小企业的所有者，他的企业陷入困境之时，客户不断减少，而他正在为自己的企业寻找买主。对于买方来说，这个企业的价值并不大，但他想出了一种方法使企业的价值最大化。他联系了一家曾经与他合作过的企业的所有者。他知道这个人在制定决策时非常自负。在这次收购交易中，他通过激发对方的自负感，并使他感觉自己像一个大人物，获得的金钱比企业的价值高出数倍。

“利而诱之，乱而取之……”

企业的所有者并非试图压榨竞争对手，而是为了卖出他的企业并转向其他追求。在激发对方自负感的过程中，他们牺牲了个人的自尊，但最终获得了更多的金钱，并能够在他们的职业生涯中开创新的事业。你对敌人越了解，就越有可能“利而诱之”。

保密

让敌人疲于奔命还意味着要不断变换假象，以使敌人无法推测你下一步的真实行动：

> “易其事，革其谋，使民无识；易其居，迂其途，使民不得虑。”

显然，Salesforce 公司的 CEO 马克·贝尼奥夫不惧怕挑战产业巨人（包括微软公司），并让它们无法推测公司的下一步行动。但是，当微软公司在 Salesforce 公司的一次会议期间利用“我没有被强迫”（利用 Salesforce 公司的名字玩儿文字游戏）进行反击时，Salesforce 公司的反应似乎是已经设置好了埋伏等着微软发起进攻。当对手落入你的陷阱之中后，那就准备好俘获他。孙子“以卒待之”的方针是非常有启发性的。这样的行动应该由最谨慎、最敏锐、最精明的人实施。否则，它可能无法生效。

不要让敌人了解你的计划或窥探到你的秘密：

> “是故政举之日，夷关折符，无通其使……”

想象一下，你的“边境”对那些试图为竞争对手刺探情报的人敞开会是什么结果。你容易受到攻击吗？你的知识产权、商业秘密和绝密行动是否处于危险之中。如果是，那么这些错误会危害你的未来。

“间事未发而先闻者，间与所告者兼死。”

对于经商来说，这可能过于极端，但这个观点很重要。泄露公司信息、商业秘密和下一步行动信息的人应该受到严惩。除了不能将背叛者处死外，所有的企业（包括小企业）都应该采取恰当的法律防范措施。保密协议（Nondisclosure Agreements，NDAs）有助于保护企业的私有信息，这种协议在分包商、新员工、商业伙伴和任何能够在幕后接触你的竞争信息的人之间建立起了保密关系。

竞业禁止（noncompetes）协议禁止员工离开其工作岗位去开办竞争性的企业，还禁止员工在一个特定的时期内为竞争对手工作。诱引禁止（nonsolicitation）协议禁止员工出于自己的目的诱使你的客户离你而去，还禁止员工劝说合作者离开你的公司而与该员工新建的竞争性企业进行合作。在为你的小企业建立法律保护网时，应该考虑所有这些风险。

我曾经与一家小型软件开发企业合作，这家企业根本就没有签署竞业禁止协议，而且还认为永远都不需要与其全明星员工签署这类协议。公司也没有与其客户签署诱引禁止协议，以防止它们挖走自己的员工。后来，这些问题不可避免地爆发了。公司最大的客户挖走了其最具天赋的软件开发人员。这一事件对于这家年轻的企业产生了毁灭性的影响，对客户关系造成了无法挽回的伤害，使得项目价值急剧降低。对于那家公司来说，这是一段苦难的日子。我们应该接受这一代价高昂的教训，并事先签署这些协议。

分散敌人的力量

集中优势力量是《孙子兵法》中的一个基本原则。在团结己方力量的同时，你应该如何分散敌人的力量呢？你可以通过让敌人猜测下一个作战地点，从而使其分散力量进行防守：

“吾所与战之地不可知，则敌所备者多；敌所备者多，则吾所与战者寡矣。”

孙子再次强调，要让敌人无法判断你发动攻击的方式、地点和时机：

“故形人而我无形，则我专而敌分。”

在一些类型武术中，“无招胜有招”是一种高级原则。在此，我们再次利用水来比喻灵活性和随机应变的能力。我们的目标是“因敌而制胜”。下面来看一个例子。

我的柔道教练兰迪·哈钦斯（Randy Hutchins）是一个很难对付的人，我们无法用关节技（Joint Lock）锁住他。他掌握了“流”（Flowing）这种技术，因此锁住他就像锁住水一样困难。就在你认为自己抓住他的时候，他总是能够从你自以为抓得很紧的手中挣脱开。结果，通常你的后背会挨上一拳，让你痛不欲生，同时也对他的技艺羡慕不已。

如果你被他抓住了，那你很难脱身。我可以反击其他人的关节技，但他的除外，那完全是不可能的。直到有一天，我终于领悟了其中的诀窍。我被他扭住了手腕，让我感到吃惊的是，按照他告诉我的方法，我挣脱了出来，毫不费力。无形，就像水一样。

我惊讶不已。我竟然成功了！我想，他的欣慰一定超过了惊讶，因为他一直在等待我理解这一观念。他向我表示祝贺，并伸出手来。我也非常兴奋，激动地握住了他的手。这种经验是无价的。

有所选择

“是故不争天下之交，不养天下之权，信己之私，威加于敌，则其城可拔，其国可隳。”

我们曾经在第 6 章中讨论过这个问题。但在迷惑敌人时，你也要记住这一点。除了选择那些在你的战略目标中能够发挥明确作用的盟友外，你还必须确保它们忠诚。要不断提醒它们，你是一个强大的合作伙伴，与你协作也非常符合它们的最佳利益。赢得强大的盟友有助于让你的对手充满敬畏。但要记住：借助联盟的力量来主导你的市场不能仅仅停留在收集合作协议和一大堆企业标识上。如果你与竞争对手拥有相同的盟友和合作伙伴，那么这怎么能够成为你的企业的一种优势呢？

情报必须有助于行动

对于孙子来说，间谍是不可或缺的资源：

“故明君贤将，能以上智为间者，必成大功。此兵之要，三军之所恃而动也。”

我们进一步看看情报工作到底有多么重要。孙子说：

“故明君贤将所以动而胜人，成功出于众者，先知也。先知者，不可取于鬼神，不可象于事，不可验于度，必取于人，知敌之情者也。”

“必取于人”中的“人”就是指“间谍”，即“兵之要”。下面我们看一看孙子对间谍的分类。

间谍的类型

孙子告诉我们，间谍有五种：

“故用间有五：有因间，有内间，有反间，有死间，有生间。”

下面是孙子对每一种间谍的描述，我们补充了各种间谍的使用方法。

1. **因间者，因其乡人而用之。**他们可以是竞争对手的员工，这些人不太忠诚，但拥有重要的信息。

2. **内间者，因其官人而用之。**“官人”可以是执行官和高级管理人员。他们可能会公开地或私下里提供一些信息，这些信息分布很广，从无意间的谈话到在新闻媒体和社交媒体上发表的公开声明。

3. **反间者，因其敌间而用之。**这段说明可以应用于竞争对手以前的员工和商业伙伴。它还可以用来描述友好的供应商和经销商。但要小心，既然供应商能够与你分享对手的信息，那么他们也可能与你的竞争对手分享你的信息。这进一步说明了为什么要有所选择：应该选择声誉好的、诚信度高的经销商和合作伙伴，并尊重他们。

反间可以带来更多的资源：

“因是而知之，故乡间、内间可得而使也。”

4. **死间者，为诳事于外，令吾间知之而传于敌间也。**他们适合于向敌人输送假情报，而敌人利用这些假情报会得出错误的结论。

5. **生间者，反报也。**对于你的目的来说，“生间”与“因间”类似。两者的差别是：“生间”可能是那些在竞争对手的企业中受尽虐待的员工，甚至是其经销商和合作伙伴，他们非常乐意与你分享情报。

永远都要记住，聪明的小企业领导者是这样一些人：他们承认拥有可靠朋友的价值，也知道树敌的代价。

在对五种间谍进行了描述后，孙子继续写道：

“故三军之事，莫亲于间，赏莫厚于间，事莫密于间，非圣智不能用间，非仁义不能使间，非微妙不能得间之实。”

显然，情报收集是一件十分重要的工作，它要求保密，对间谍要慷慨，用间者要仁慈，要时刻保持警惕。对间谍应给予高额的奖赏。孙子说，与这些提供情报的人保持密切的关系是明智的。

如何对待“间谍”

孙子认为，对提供情报的人给予专门的关照和奖赏十分重要：

“敌间之来间我者，因而利之，导而舍之，故反间可得而用也。”

孙子要求对“反间”要特别慷慨：

“五间之事，主必知之，知之必在于反间，故反间不可不厚也。”

利用诡计制胜的实用方法

你可以采用下面这些方法在竞争中智胜对手，这些方法都受到了《孙子兵法》的启发。

挖来对手的销售人员

聘用竞争对手的销售人员是一种聪明的方法，通过他们，你可以了解竞争对手在销售什么，以及如何定位其产品。同时，它还是挖掘竞争对手的其他优秀人才为你所用的一种工具。杰·亚伯拉罕（Jay Abraham）将这一想法变成了一种科学：首先确定在扣除硬性直接支出后初次销售的利润（即在摊销所有管理费用之前的利润），然后，再去找竞争对手的顶级销售人员。开出你聘用他们的价格，并让他们保留从他们带来的新客户身上获得的全部利润（或者更多的利润），只要他们加入你的公司，并在约定的期间内为你的公司服务。

菲利克斯·丹尼斯（Felix Dennis）说，他曾经邀请竞争对手公司的员工在下班后安静地喝上几杯，在这些人中，还没有一个不愿意接受邀请，即使是那些待遇优厚并受到重视的人也是如此。他很好地利用了这些会面。“与其他方式相比，这种方式让我更深入地了解了竞争对手一直在忙些什么。我还挖来了一些优秀的人才。”他在自传中这样说。

与潜在客户搞好关系

如果客户喜欢你，特别是如果他们不喜欢或不敬重你的竞争对手，他们就会为你提供竞争对手的销售资料、业务陈述甚至计划方案。这样做是不是有些不道德？这取决于你在问谁。对这种行为进行处罚可行吗？大概不可行。

你还可以在展销会上搜集情报。找出与你竞争的对手，并尽最大努力探究他们如何在销售上与你竞争。同样，如果潜在客户更喜欢你，那么他们就可能与你分享大量的信息，数量之多会令你感到吃惊。我经常遇到这种情况。

找出成功和失败的原因

如果你成功了，那就要找出成功的原因。你为什么能够战胜竞争对手？客户为什么认为你是更好的选择？但要注意：重要的不是你自认为在哪些方面优于竞争对手，而是客户认为你在哪些方面优于竞争对手。

如果你不幸失败了，那么找出失败的原因同样重要。找出失败的原因可能比找出成功的原因更加重要。很多企业没有做到这一点。你的潜在客户掌握的最重要的信息是那些他们不愿意告诉你的信息。但是，如果你以正确的方式提出正确的问题，你就一定会获得一些宝贵的情报。关系就是一切。你应该同潜在客户一起去吃午餐，或者小酌几杯，在闲谈中获得一些重要的信息，甚至可以知道自己失败的原因。在办公室之外的环境中，以及在一起喝过几杯之后，人们会变得更容易打交道。

进行一次失败案例分析至关重要。当你失去客户时，不仅要从公司内部找原因，还应该让团队告诉你存在哪些问题，但他们总是会找出太多想当然的理由。所以要想找出失去客户的真正原因，你应该聘请一个独立的团队进行研究，这样才能找出真正的问题所在。实际上，这样做就保证了能够完整地揭示出公司的某些劣势，而你可能完全没有意识到这些不足之处。找出失败的原因要付出一些成本，但找不到失败的真正原因代价会更大。

跟踪媒体

利用媒体密切关注已知的竞争对手、了解后来者，并不是什么新鲜事。在搜索引擎成为一种重要工具之前，公司就开始利用剪报服务来跟踪媒体。今天，阅读媒体的报道比以往任何时候都更加方便，但是，由于商业媒体的数量极大，消化找到的信息变成了一件困难的工作。应当将你的企业以及主要竞争对手、客户和其他市场关键词设置在Google快讯（Google Alerts）中。如果你处于一个竞争性领域中，并且需要密切关注竞争对手的动向，那么你还应该阅读竞争对手所在地的商业杂志和日报。与接受全国性商业媒体或发行量很大的日报采访时相比，公司在接受当地记者采访时，其戒备心理可能会有所降低。

在贸易展中挖掘信息

贸易展是获得“线索”的特殊途径。但小企业没有充分认识到的是：这些贸易展还是获得情报的极佳途径。你可以派出员工甚至是商业合作伙伴、盟友和客户去探听人们在展位中的谈话，并观看演示。曾经与我合作过的一家医疗保健信息技术公司CEO的夫人是一位护士，她参加了很多业内的贸易展，以便从竞争对手处收集情报。由于职业的关系，她可以不受任何约束地接近竞争对手的销售人员。要注意，你的间谍应该准备好正确的问题，这样才能获得有用的情报，并且保证他们回来时不是仅仅拿到了一些人手一册的宣传单。

得到对手的邮寄清单

加入竞争对手的邮寄清单，这样你就可以了解一些新闻和产品公告。参加在线研讨会，并下载其宣传品和产品演示文件，以尽可能收集竞争对手的信息。由于竞争对手有可能采取法律行动，因此我总是建议公司使用得到许可的信息，这样你至少可以尝试着对竞争对手进行筛选。

去对手的商店里发现秘密

如果你的竞争对手从事零售业，并且拥有实体店，那么你就应该派出一名员工或雇人去看一看，并仔细观察其设施、客户和员工。你可以拨打这家公司的订购和支持电话，并评估其客户服务的优势。你还可以雇用一家神秘购物公司（Mystery Shopping Firm）假扮成潜在客户。我不是很喜欢这种策略，因为坦率地讲这样做有些不厚道，但这种做法十分普遍。你应该意识到，这样做没什么不对的，但要保持警惕，因为竞争对手也会这样做。

Five Guys 公司采用了一种聪明的方式去发现商店里的秘密——在自己的企业中。这家连锁餐厅每周都在各个店面中进行审计。一位神秘顾客伪装成消费者走进一家店面，并对员工在卫生间的清洁、礼貌和食物加工方面的表现打分。与到竞争对手的商店中进行神秘购物不同，这是一个公平的游戏。员工们都知道这一政策，其目的是让他们时刻保持警醒，为客户提供卓越的服务。得分最高的员工将获得现金奖励。CEO 杰里·默雷尔说，公司每年向在这些检查中胜出的员工支付的奖金高达 1200 万美元。如果你将其视为一种成本，那就说明你需要继续拓展自己的思路。

利用 Google 搜索隐藏的页面

你知道如何在线搜索竞争对手的一些公开信息。但是，你能够搜到一些隐藏的网页吗？通过 Google 等搜索引擎，利用文件格式（filetype：doc 或 pdf、xls 以及 ppt）以及站点或域名搜索（site：公司名），你可以找到一些数据或演示文稿。竞争对手或其他人将这些资源上传到一个他们认为隐蔽的链接上，甚至已经忘记了它们的存在。

关注社交媒体

这一工作非常乏味，但从中你可能能够获得大量与竞争对手相关的有价值的信息。某个竞争对手的员工中，有可能有一两个重要的销售人员特别喜欢聊天。他们可能喜欢分享从热门“线索”和新客户那里获得的惊喜，希望他的情绪能够感染其他人。他们可能会吹嘘新的成就或即将召开的展销会，或者在其个人社交媒体网站上为你提供他们正在向谁销售的线索。的确，挖掘这些数据需要花费不少的时间，但如果应用得当，你会挖出“黄金”的。

你还需要利用社交媒体吸引客户。不要只想着交易，而是要真正让你的客户参与进来。市场的主导者可能会在智库、焦点小组和其他研究上花费大量的资金。你可以获得类似的回报，但花费的成本比出手大方的对手要少得多。你不必花费巨额资金，只要建立一个成功的社交媒体站点即可。随着关注你的人越来越多，就会有成千上万人愿意把你需要的信息以及从你的公司购买产品的原因告诉你。应该如何利用这些渠道为你的小企业收集情报呢？

注意对手的招聘广告

在线招聘网站是密切关注竞争对手招聘需求的极佳所在。注意一家公司对应聘者技能的要求，你就可以明白对方可能会采取哪些新的举措。当然，你可以登录竞争对手的网站，但与其战略变化相关的信息不会出现在上面，因为这些信息是保密的。

案例

5-Hour Energy 功能饮料

不久前，我收到了孙子战略公司（Sun Tzu Strategies）的同事马克·麦克内利（Mark McNeilly）发来的一封电子邮件，并附上了一篇文章的链接，这篇文章讲述的是 5-Hour Energy 功能饮料的创始人马努基·巴尔加瓦（Manoj Bhargava）的故事。这篇文章发表在《福布斯》的网站上，作者是克莱尔·奥康纳（Clare O'connor），到那时为止，这篇文章是有关巴尔加瓦的最详细的公开信息。这位创业者很少接受采访，至今仍然是一个谜（以这次采访为基础，衍生出了很多篇有关巴尔加瓦的文章）。令马克感到好奇的是，这位曾经当过僧侣的商人采纳了《孙子兵法》中的许多原则。他引起了我们的关注。

如第 9 章所述，5-Hour Energy 功能饮料验证了《孙子兵法》中的很多原则。公司在利用其功能性饮料打造一个新品类时走了一条间接的道路，而没有与可口可乐、百事可乐和红牛争夺货架空间。它彻底打垮了一些竞争对手，迫使其中一些退出了市场。在竞争中失败的 6-Hour Power 和 8-Hour Energy 遭到了 5-Hour Energy 功能饮料的母公司 Living Essentials 的律师们的起诉，被赶出了市场。

但是，我们或许要从迷惑对手的角度进行观察，才能最清楚地看出这家公司如何应用《孙子兵法》中的原则。在产品逐渐大受欢迎的整个过程中，巴尔加瓦都不为人知。他是一个谜。人们很难在网络搜索中看到他。他能够在不引起大大小小的竞争对手注意的情况下采取行动。

尽管足智多谋，但巴尔加瓦（或者其他任何明智的商人）不会欺骗客户。正如他在发表于《福布斯》网站的文章中对奥康纳所说的：“饮料瓶的设计不重要。产品的摆放不重要。重要的是产品。你能够欺骗人们一次，但没有人会愿意再次付出 3 美元。”

iGATE 公司

孙子谈到了聪明的将领如何将劣势转化为优势。但是，iGATE 公司的创始人、前 CEO 法尼施·穆尔蒂（Phaneesh Murthy）却更进一步。就像 Netflix 公司击溃了百视达公司一样，他将竞争对手的优势转化成了劣势。iGATE 公司的总部位于硅谷，是一家印度人所有的 IT 公司，在不到 5 年的时间里，其年收入就从 3 亿美元增加到 10 亿美元。它常常被人们誉为“最佳印度雇主”。正如穆尔蒂对《创新之路》（*The Way of Innovation*）一书的作者卡汉·克里彭多夫（KaihanKrippendorff）所说的，他来自 Infosys 公司，这是使印度成为当今 IT 外包巨人的两家公司之一。Infosys 公司成功的原因在于：它夺取了竞争对手最宝贵的资产，并反过来对付它们。高科技咨询业中的大型企业将其咨询顾问队伍看成是其最大的优势。然而，Infosys 公司改变了软件开发业，并开启了一种全新的咨询模式。

穆尔蒂将同样的模式应用于 iGATE 公司，并将竞争对手的优势完全逆转。同类公司（包括他以前的雇主）都拥有大量的开发人员。穆尔蒂将这种财富转化成了 iGATE 公司的一个机会。他提出的想法是研究每一位客户的企业，这样 iGATE 公司才能取得不同于任何传统 IT 公司的改善。例如，iGATE 公司将这一逻辑应用到消费贷款中，而传统上消费贷款的审批通常是由高度熟练的信贷审查员（underwriter）手工完成的。iGATE 公司证明了信贷审查员可以被一系列规则取代，而这将使借款审批平均周转时间从 40 天缩短到 17 天。

与几乎所有其他的 IT 咨询企业不同的是，iGATE 公司并不是按小时收费。穆尔蒂说，“按小时收费总是会在客户和公司之间制造矛盾……客户总是想缩短时间，而公司总是想延长时间”。我就经常面临这种矛盾，因为我自己的公司就设在华盛顿特区，全球咨询之都（至少是在医疗保健领域）。相反，iGATE 公司是按绩效收费的。

第 15 章

《孙子兵法》与你的小企业的未来

在学习了12个重要属性后，你应该向自己提出这样一个问题：如果孙子正在经营你的小企业，那么他会如何修改其在战场上的规则，以应用于你的企业中呢？

如果你向自己提出这一问题，那么孙子的精神就会深入你的灵魂之中。牢记这些原则，用它们来击败最强大的竞争者。应该如何利用《孙子兵法》来主导你的市场呢？

《孙子兵法》的要点

下面我们对如何将《孙子兵法》中的基本原则应用于你的小企业进行总结。在经营过程中，你应该不断地对照这些原则：

获得全面的理解。透彻地理解你的企业相对于竞争对手的优势和劣势是一个基本要求。这是一项持久的工作，一刻都不能放松。

建立联盟。想想你的客户群和有影响力的人，包括合作伙伴、员工、客户、经销商和供应商、投资者、朋友中的每一个人。你的力量将是这些人的力量之和。为了主导市场，你需要将这些力量联合起来。我再强调一次，小企业领导者需要各类朋友。

立于不败之地。为了取得胜利，你的企业必须占据最有利的位置。对于孙子来说，有利的位置是指居高临下，且补给线非常安全。仔细选择你要进入的领域，并考虑到所有的细节。

控制人们对你的认识。小企业有很多机会改变它们在客户、合作伙伴等眼中的形象。尽管你可能会选择欺骗对手，制造一些假象，以便向你的目标前进，但要记住，你同样也应该引导客户和盟友对你的看法，以使你的企业处于尽可能有利的地位。你的客户与企业的每一次接触都非常重要。

不要忘了增长。成功的企业领导者知道，如果他们只是选择坚守阵地，那么就不要指望能够实现激进的增长目标。永远都不要忘了增长，不要只采取守势。

持久战。战略是根据总体局势制定的。这是一场耐力赛。不要让你的企业为了短期利益而牺牲长远目标。

为将劣势转化为优势做好准备。机会的种子存在于劣势之中。而你必须要为把握这些机会做好准备。

先胜。《孙子兵法》的这一精髓并没有被人们认为是理所当然的。它是《孙子兵法》中最重要的观念之一。

果断采取行动。尽管收集情报和围绕着你的战略目标认真规划每一个战术是非常重要的，但同样重要的是制定明智的决策，并在正确的时机来临时迅速采取行动。

以弱胜强。与强大的竞争对手较量并战胜它们的唯一方式就是要制定杰出的战略。在每一次精心设计的战斗中，孙子都能够以寡胜众，你也能。

非危不战。战争会耗尽包括人力资源在内的一切资源。要记住，在战略上攻击敌人是最好的方式，然后再破坏其联盟，即“上兵伐谋，其次伐交”。

把握好攻击的时机。在理解敌我相对优势方面，其中重要的一点就是知道在哪些情况下最适合发起攻击。攻击的时机不恰当就无法发挥全部潜力。

出其不意。让你的对手摸不着头脑，这样他们就不知道你会采取何种行动，以及何时行动。出其不意是让对手措手不及的一种强大武器。要让敌人疲于奔命。

先于对手进入一个领域。永远不要忘记孙子的警告：不要在强大的对手有所准备的情况下发起攻击。利基是指那些规模较小但十分明确的细分市场。你不必去“寻找”这样的市场。你可以创造出一个利基市场，就像埃尔默·李（Elmer T. Lee）创造出优质波本威士忌市场一样。先于对手进入一个领域，找出没有得到满足的市场需求。

攻击敌人的弱点。大型组织通常会对正面竞争有所准备，但它们对游击队的袭击却可能防不胜防。应该如何打击强大对手的弱点呢？

形成凝聚力。对外展示出统一且始终如一的形象，为客户提供良好的品牌体验，你就能够领先于大多数竞争对手。同时也要努力保持团结。

不放过任何一个击败敌人的机会。如果你希望打败竞争对手、主导你的市场，那么你就必须充分利用每一个机会。

适应潮流并修改你的计划。找出并顺应你所在行业的潮流。相应地修改你的计划。不要与潮流对抗。平板电脑和智能手机的销量逐步上升，而DVD播放器的销量却趋于平稳。Netflix公司顺应了这一趋势，而没有试图抓住需求不断下降的DVD市场不放。

完美的执行。归根结底，每一个战略的成功都取决于一件重要的事情：执行。一旦你为自己确定了目标，就要不断地、坚持不懈地履行自己的诺言。一刻都不能停止。

以迂为直。迫使敌人绕路而行，这样你就可以先于对手到达目的地。

最大化资源。最大限度地利用你拥有的相对有限的资源。不要过度专注于赢得新客户，而忘记为现有的客户提供最佳服务。要充分利用互联网、社交媒体和全球劳动力为你提供的公平竞争的机会。

对《孙子兵法》原则的补充

尽管这些内容没有明确包含在已经传世2500年的《孙子兵法》之中，但它们与孙子的原则是一致的。如果孙子为你的小企业制定战略，那么他也会赞同这两个补充原则：

让自己与众不同。大多数小企业的所有者可能都理解令自己与众不同的重要性，但很多人却无法执行这一战略，以使自己在市场中真正实现差异化。关于成功实现差异化的例子，我们可以看一看5-Hour Energy，它创造出了一个全新的功能性饮料品类。尽管Five Guys公司没有创造出“优质汉堡”这一品类，但它通过将激进的特许经营战略与对质量控制的承诺、永不使用冷冻食品、基于绩效奖励员工、食品种类不多但始终美味可口等因素结合起来，创造出了一个杰出的品牌。

认真对待与客户的每一次交流。公司与客户的每一次接触最终都会有助于你打造自己的品牌。人们对你的认知决定了你的成败。你需要在客户、商业伙伴和潜在员工的头脑中占据重要的位置。你的目标应该是拥有大量的忠诚客户，让他们组成一个强大的团体。想一想PayPal的用户群，他们转向PayPal公司，提升了这家企业的市场地位，并为其迅猛发展铺平了道路。想一想Zappos公司如何利用一群敬业的员工打造出了极为忠诚的客户。你应该如何为你的小企业打造一个强大的客户群呢？

附录：针对小企业的孙子语录

总体来说，《孙子兵法》特别适用于小企业。下面摘录的这些话对于希望主导其市场的小企业领导者具有极其重要的价值。你需要经常参照这些原则来检验战略的合理性。

“守则不足，攻则有余。

“上兵伐谋，其次伐交，其次伐兵，其下攻城。

“寡者，备人者也；众者，使人备己者也。

“进而不可御者，冲其虚也；退而不可追者，远而不可及也。

“将不能料敌，以少合众，以弱击强，兵无选锋，曰北。

“凡治众如治寡，分数是也。

“杂于利而务可信也，杂于害而患可解也。

“陷之死地然后生。

“我专为一，敌分为十，是以十攻其一也。

“敢问敌众而整将来，待之若何？曰：先夺其所爱则听矣。

“敌则能战之，少则能逃之，不若则能避之。故小敌之坚，大敌之擒也。

“故为兵之事，在顺详敌之意，并敌一向……”

参考文献

Abkowitz, Alyssa. "How Netflix Got Started." *CNN Money*, January 28, 2009. money. cnn. com/2009/01/27/news/newsmakers/hastings_ netflix. fortune/.

Abraham, Jay. *The Sticking Point Solution*: *9 Ways to Move Your Business from Stagnation to Stunning Growth in Tough Economic Times.* New York: Vanguard Press, 2009.

Bartiromo, Maria. "Bartiromo: Chobani CEO at Center of Greek Yogurt Craze." *USA Today*, June 16, 2013. www. usatoday. com/story/money/columnist/bartiromo/2013/06/16/chobani-ulukaya-yogart /2423611/.

Benioff, Marc. Foreword toThe Art of War—Spirituality for Conflict: Annotated and Explained. Woodstock, VT: SkyLight Paths Publishing, 2012.

Birger, Jon. "How Jeffery Boyd Took Priceline from Dot-Bomb to Highflier." *CNN Money*, September 11, 2012. tech. fortune. cnn. com/2012/09/11/priceline-jeffery-boyd/.

Bort, Julie. "Our Favorite Crazy Stunts from Salesforce Leader Marc

Benioff." *Business Insider*, March 15, 2012. www. businessinsider. com/ marc-benioff-salesforcecom-chiefhas-pulled-some-crazy-stunts-2012-3? op = 1 #ixzz2eLsnA5K0.

Bryant, Adam. "Finding Purpose in Tunneling Through Granite." *New York Times*, April 13, 2013. www. nytimes. com/2013/04/14/business/guide-wires-chief-on-embracing-adversity. html? pagewanted = all&_ r = 0.

Burke, Monte. "Five Guys Burgers: America's Fastest Growing Restaurant Chain." *Forbes*, July 18, 2012. www. forbes. com/sites/monteburke/ 2012/07/18/five-guys-burgers-americas-fastest-growing-restaurant-chain/.

Calloway, Joe. *Becoming a Category of One: How Extraordinary Companies Transcend Commodity and Defy Comparison.* Hoboken, NJ: John Wiley, 2009.

Christensen, Clayton. "Disruptive Innovation." www. claytonchristensen. com/key-concepts/#sthash. zukQNRiE. dpuf.

CRDF Global. GIST TechConnect Ideation online panel discussion, January 23, 2013. http: //gist. crdfglobal. org/about-gist/events/2013/01/23/ gist-techconnect-idea-creation- = -ideation.

Denning, Steve. "Clayton Christensen and the Innovators' Smackdown." *Forbes*, April 5, 2012. www. forbes. com/sites/stevedenning/2012/04/05/ clayton-christensen-and-the-innovators-smackdown/.

Dennis, Felix. *How to Get Rich: The Distilled Wisdom of One of Britain's Wealthiest Self-Made Entrepreneurs.* London: Ebury Press, 2007.

Duggan, Daniel. "ManojBhargava on What Makes Successes Like 5-Hour Energy: Don't Waste Your Energy." *Crain's Detroit Business*, May

21, 2012. www. crainsdetroit. com/article/20120521/FREE/120529984/manoj-bhargava-on-what-makes-successes-like-5-hour-energy-don-t-waste-.

Duval, James. "Secrets of Success: How Cisco Outlasted Its Competitors." *CustomerTHINK Blog*, June 3, 2013. www. customerthink. com/blog/secrets_ of_ success_ how_ cisco_ outlasted_ its_ competitors.

Eng, Dinah. "How We Got Started: Jim Koch: Samuel Adams's Beer Revolutionary." *CNN Money*, March 21, 2013. money. cnn. com/2013/03/21/smallbusiness/samual-adams-koch. pr. fortune/index. html.

Funding Universe. "Ask Jeeves, Inc. History." www. fundinguniverse. com/company-histories/ask-jeeves-inc-history/.

Funding Universe. "Priceline. com Incorporated History." www. fundinguniverse. com/company-histories/priceline-com-incorporated-history/.

Giles, Lionel. The Art of War by Sun Tzu: Special Edition. El Paso, TX: El Paso Norte Press, 2005.

Gladwell, Malcolm. *The Tipping Point: How Little Things Can Make a Big Difference.* New York: Little, Brown, 2002.

Gobry, Pascal-Emmanuel. "10 Brilliant Startups That Failed Because They Were Ahead of Their Time." *Business Insider*, May 4, 2011. www. businessinsider. com/startup-failures-2011-5? op = 1#ixzz2cJz7BT3I.

Goodman, Nadia. "James Dyson on Using Failure to Drive Success." *Entrepreneur*, November 5, 2012. www. entrepreneur. com/blog/224855 # ixzz2e8H9o7ve.

Green, Sarah. "Who New CEOs Fire First." *HBR Blog Network*, July 8, 2013. blogs. hbr. org/hbr/hbreditors/2013/07/who_ new_ ceos_ fire_ first. html.

Gross, Daniel, "It's All Greek to Him: Chobani's Unlikely Success Story." *The Daily Beast*, June 12, 2013. www. thedailybeast. com/newsweek/2013/06/12/the-turkish-shepherd-behind-chobani. html.

Gruley, Bryan. "At Chobani, the Turkish King of Greek Yogurt." *Businessweek*, January 31, 2013. www. businessweek. com/articles/2013-01-31/at-chobani-the-turkish-king-of-greek-yogurt#p2.

Harbison, John R., Peter Pekar Jr., Albert Viscio, and David Maloney. *The Allianced Enterprise: Breakout Strategy for the New Millennium.* Los Angeles: Booz-Allen & Hamilton, 2000. www. smartalliancepartners. com/Images/Allianced%20Enterprise. pdf.

Hartung, Adam. "Netflix—The Turnaround Story of 2012!" *Forbes*, January 29, 2013. www. forbes. com/sites/adamhartung/2013/01/29/netflix-the-turnaround-story-of-2012/.

Heffernan, Margaret. "James Dyson on Creating a Vacuum That Actually, Well, Sucks." *Reader's Digest*, February 2009. www. rd. com/advice/work-career/james-dyson-on-creating-a-vacuum-that-actually-well-sucks/#ixzz2eKNGOMFq.

Heubeck, Elizabeth. "Wegmans' Grocery List for Success." *Baltimore Business Journal*, March 20, 2013. www. bizjournals. com/baltimore/print-edition/2012/05/25/wegmans-grocery-list-for-success. html? page = all.

Hsieh, Tony. *Delivering Happiness.* New York: Hachette Book Group, 2010.

Hsieh, Tony. "Your Culture Is Your Brand." *ZapposBlogs: CEO and*

COO Blog, January 3, 2009. blogs. zappos. com/blogs/ceo-and-coo-blog/2009/01/03/your-culture-is-your-brand.

Huang, J. H. Sun-Tzu: The Art of War—The New Translation. New York: William Morrow, 1993.

Huynh, Thomas. *The Art of War—Spirituality for Conflict: Annotated and Explained.* Woodstock, VT: SkyLight Paths Publishing, 2012.

IBIS World. *Business Coaching in the U. S.: Market Research Report.* November 2013. www. ibisworld. com/industry/default. aspx? indid = 1533.

"Interview Transcript: Meg Whitman, Ebay." *Financial Times*, June 18, 2006. www. ft. com/cms/s/2/f3ae81f8-fef8-11da-84f3-0000779e2340. html#axzz2dlJqgInb.

Keen, Andrew. "Keen On … Clay Christensen: How to Escape the Innovator's Dilemma [TCTV]." TechCrunch video interview, April 2, 2012. techcrunch. com/2012/04/02/keen-on-clay-christensen-how-to-escape-the-innovators-dilemma-tctv/.

Krippendorff, Kaihan. "How Great Entrepreneurs Lure Their Competitors' Sheep Away." Fast Company, May 16, 2012. www. fastcompany. com/1837389/how-great-entrepreneurs-lure-their-competitors-sheep-away.

Leotin, Sylvie. "Atari: The Original Lean Startup." *VentureBeat*, October 13, 2010. venturebeat. com/2010/10/13/atari-the-original-lean-startup/.

MarketWatch Commentary. "Salesforce CEO Pulls Off Excellent Stunt." *MarketWatch*, October 5, 2011. www. marketwatch. com/story/salesforce-ceo-pulls-off-excellent-stunt-2011-10-05.

Maxwell, Scott, "Small Business Innovation Lessons from Salesforce. com." OpenView Labs Blog, January 31, 2013. labs. openviewpartners. com/small-business-innovation-lessons-from-salesforce-com/.

McMahan, Dana. "Craft Distillers Breaking into Kentucky's Billion-Dollar Bourbon Industry." *NBC News*, August 30, 2013. www. nbcnews. com/travel/craft-distillers-breaking-kentuckys-billion-dollar-bourbon-industry-8C11035874.

McNeilly, Mark R. *Sun Tzu and the Art of Modern Warfare.* New York: Oxford University Press, 2001.

Michaelson, Gerald A., and Steven Michaelson. *The Art of War for Managers: 5 Strategic Rules.* Avon, MA: Adams Media, 2010.

Nisen, Max, and Alexandra Mondalek. "Invaluable Advice from 18 of America's Top Small Business Owners." *Business Insider*, June 21, 2013. www. businessinsider. com/invaluable-advice-from-18-of-americas-top-small-business-owners-2013-6? op = 1#ixzz2cXyGkSmJ.

O'Connor, Clare. "The Mystery Monk Making Billions with 5-Hour Energy." *Forbes*, February 8, 2012. www. forbes. com/sites/clareoconnor/2012/02/08/manoj-bhargava-the-mystery-monk-making-billions-with-5-hour-energy/.

O'Hagan, Sean. "The Nine Lives of Felix Dennis." *The Guardian*, June 1, 2013. www. theguardian. com/media/2013/jun/02/nine-lives-of-felix-dennis.

Parr, Ben. "Here's Why Amazon Bought Zappos." *Mashable*, July 22, 2009. mashable. com/2009/07/22/amazon-bought-zappos/.

Pendleton, Devon. "Hidden Chobani Billionaire Emerges as Greek Yogurt Soars." *Bloomberg*, September 14, 2012. www. bloomberg. com/news/2012-09-14/hidden-chobani-billionaire-emerges-as-greek-yogurt-soars. html.

Penenberg, Adam L. "Reid Hoffman on PayPal's Pivoted Path to Success." *Fast Company*, including video interview of Hoffman, August 9, 2012. www. fastcompany. com/1837839/reid-hoffman-paypals-pivoted-path-success.

Pozin, Ilya, "9 Biggest Mistakes New Entrepreneurs Make." *Inc.*, July 20, 2013. www. inc. com/ilya-pozin/9-biggest-mistakes-you-will-make-as-a-new-entrepreneur. html.

Rohde, David. "The Anti-Walmart: The Secret Sauce of Wegmans Is People." *The Atlantic*, March 23, 2012. www. theatlantic. com/business/archive/2012/03/the-anti-walmart-the-secret-sauce-of-wegmans-is-people/254994/.

Salter, Chuck. "Failure Doesn't Suck." *Fast Company*, April 10, 2007. www. fastcompany. com/76673/failure-doesnt-suck-part-2.

Sambidge, Andy. "Yahoo! 's Maktoob Deal Valued at $175m—Report." *ArabianBusiness. com*, September 10, 2009. www. arabianbusiness. com/yahoo-s-maktoob-deal-valued-at-175m-report-12955. html # . UiSfYD _ zjbw.

Sheetz-Runkle, Becky. *Sun Tzu for Women: The Art of War for Winning in Business.* Avon, MA: Adams Media, 2011.

Sonshi. "Interview with Marc Benioff." Sonshi. com. www. sonshi. com/benioff. html.

Taylor, Bill. "Why Zappos Pays New Employees to Quit—and You Should Too." *HBR Blog Network*, May 19, 2008. blogs. hbr. org/taylor/2008/05/why_ zappos_ pays_ new_ employees. html.

Thomas, Kathryn Quinn. "Golisano Built Paychex into a Success Story." *Rochester Business Journal*, October 8, 2004. www. rbj. net/article. asp? aID = 149125.

Tice, Carol. "12 Ways to (Legally) Spy on Your Competitors." *Entrepreneur*, November 17, 2011. www. entrepreneur. com/article/220761 # ixzz2cfCfx1pP.

Tobak, Steve. "David vs. Goliath: How Small Companies Make It Big." *Inc.*, March 27, 2013. www. inc. com/steve-tobak/david-vs-goliath-how-small-companies-make-itbig. html.

"Vacuum Makers Dyson, Hoover Settle Lawsuit." *Appliance Magazine*. October 10, 2002. www. appliancemagazine. com/news. php? article = 3691.

Vitello, Paul. "Elmer T. Lee, Whose Premium Bourbon Revived an Industry, Dies at 93." *New York Times*, July 21, 2013. www. nytimes. com/2013/07/22/business/elmer-t-lee-whose-premium-bourbon-revived-an-industry-dies-at-93. html? _ r = 0.

Wegmans corporate website. "Frequently Asked Questions." www. wegmans. com.

www. wegmans. com/webapp/wcs/stores/servlet/FAQDetailView? storeId = 10052&catalogId = 10002&langId = -1&faqCategory = AboutWegmans # question_ 12.

Welch, Liz. "How I Did It: Jerry Murrell, Five Guys Burgers and

Fries." *Inc.*, April 1, 2010. www. inc. com/magazine/20100401/jerry-murrell-five-guys-burgers-and-fries. html.

Zappos Insights. www. zapposinsights. com/ www. zappos. com.